名师名校名校长

凝聚名师共识
回应名师关怀
打造名师品牌
培育名师群体

张明远题

广东省教育科学规划2025年度中小学教师教育科研能力提升计划项目课题"跨学科的数学课堂导入提升初中生问题解决能力的实践研究"（编号：2025ZQJK026）

广东省课题"数学写作在初中数学问题解决教学中的应用研究"（编号：2021YQJK013）

初中数学

问题解决的
教学实践路径

李春燕 / 著

哈尔滨出版社

H.P.H

HARBIN PUBLISHING HOUSE

图书在版编目（CIP）数据

初中数学问题解决的教学实践路径 / 李春燕著 .

哈尔滨 : 哈尔滨出版社, 2024. 11. -- ISBN 978-7
-5484-8299-4

Ⅰ . G633.602

中国国家版本馆CIP数据核字第2024FB4186号

书　　名：初中数学问题解决的教学实践路径
CHUZHONG SHUXUE WENTI JIEJUE DE JIAOXUE SHIJIAN LUJING

作　　者：李春燕　著
责任编辑：孙　迪　李维娜
封面设计：李嘉欣　赖伟成

出版发行：哈尔滨出版社（Harbin Publishing House）
社　　址：哈尔滨市香坊区泰山路82-9号　　邮编：150090
经　　销：全国新华书店
印　　刷：北京鑫益晖印刷有限公司
网　　址：www.hrbcbs.com
E-mail：hrbcbs@yeah.net

编辑版权热线：（0451）87900271　87900272
销售热线：（0451）87900202　87900203

开　　本：710mm×1000mm　　1/16　　印张：14.25　　字数：170千字
版　　次：2024年11月第1版
印　　次：2024年11月第1次印刷
书　　号：ISBN 978-7-5484-8299-4
定　　价：58.00元

目 录

下　篇　在应用实践中彰显教学魅力

上 篇

在课题研究中提升育人能力

第一章

"数学写作在初中数学问题解决教学中的应用研究"课题研究

初中数学问题解决的研究综述

一、研究意义

（一）研究背景

在一线数学课堂教学中，我们发现学生出现以下现象：学生在做问题解决时，一部分学生"吃不饱"，一部分学生"吃不下"；课堂教学"重结果，轻过程"，忽视"过程与方法"；教师多次强调的解题方法，仍有一部分的学生不能正确理解；学生对已学的问题解决方法遗忘率高，学生只是机械地模仿并没有领悟解题的本质；不能灵活解题，学生的思维得不到外显，教师欠缺及时掌握教学反馈。深思究竟，学生不专注数学课堂学习，问题解决能力不高，缺乏课后的自主内化和拓展，教师缺少帮助学生及时改变学习的方式等。《义务教育数学课程标准（2022年版）》强调教师要重视培养学生问题解决的能力，本课题以数学写作为载体，致力帮助学生提高问题解决能力，符合课标的要求，要求学生在课堂及课后进行数学写作，学生经历数学写作的过程就是理解问题解决的过程，这既锻炼了学生的数学思考能力，又锻炼了学生的数学表达能力，从而实现以写促学，以学促教。

课后巩固与提升是提高学生学习效率的重要方式，不论是对于基础生还是学优生而言都是一种进步，基础生复习巩固知识，学优生提出问题解决的新方法或发现更深层次的问题等，使不同水平的学生在数学上得到不同层次的发展。"好记性不如烂笔头"，教师布置课内和课后数学写作时，应以课内数学写作为主，驱动学生认真听课，引导学生善于捕捉数学课堂及课外知识，表现为：发现问题、证明和推导问题、获得结论等形式，及时留下学习痕迹。本课题以帮助学生改变数学学习方式和提高学习效果为目标，提倡学生进行数学写作，让学生问题解决的思维外显和可视化，有利于教师跟踪学生的学习情况。

（二）应用价值

当下数学教学的热点是"核心素养"，本课题围绕培养学生的核心素养开展。社会高速发展，对人才提出了较高的要求，以"教育要面向现代化、面向世界和面向未来"为指导，全面贯彻国家的教育方针，以提高国民素质为宗旨，以培养创新精神和实践能力为重点，满足终身发展的需要，培养学生终身学习的能力。数学教学不仅重视教授学生知识和技能，还要重视培养学生的核心素养。数学写作，对学校提质量，对教师提业务，对学生长本领都有促进的作用，课内与课后数学写作相结合，让学生懂得深、记得牢，最终实现教学相长。

（三）学术价值

1. 符合《义务教育数学课程标准（2022年版）》

《义务教育数学课程标准（2022年版）》要求，以学生发展为本，以核心素养为导向，使学生获得数学基础知识、基本技能、基本思想和基本活动经验（简称"四基"），运用数学知识与方法，提高发现、提出、分析和解决问题的能力（简称"四能"），形成正确的情感态度和价值观。数学教学活动要激发学生的兴趣，调动学生的积极性，引发学生的数学思考性，鼓励学生的创造性思维，引导学生运用数学的思维方式进行思考，增强学生发现和提出问题的能力、分析和解决问题的能力。在呈现作为知识与技能的数学结果的同时，重视学生已有的经验，使学生体验从实际背景中抽象出数学问题、构建数学模型、寻求结果、解决问题的过程。重视引导学生自主探索，培养学生的创新精神，培养学生独立运用数学知识思考与创造的意识。根据新课标要求，数学教学要重视培养学生的创新精神和实践能力，建立新的教学方式，促进学习方式的变革，促进学生的发展，使得人人学有价值的数学，不同的人在数学上得到不同的发展。本课题符合课标要求，数学写作就是解决问题的过程。

2. 符合皮亚杰的建构主义理论

现代建构主义认为"学习是建构内在心理表征的过程，学习者并不是把知识从外界搬到记忆中，而是以已有的经验为基础，通过与外界的相互作用来建构新的理解"。学生的角色是教学活动的积极参与者和知识的积极建构者。学生需要采取一种新的学习风格、新的认识加工策略，形成自己是知识与理解的建构者的认知模式。要善于把当前学习内容与自己已有的知识经验联系起来，并对这种联系加以认真思考。联系和思考是意义建构的关键，在学习过程中帮助学生建构意义就是要帮助学生对当前学习内容所反映事物的性质、规律以及该事物与其他事物之间的内在联系达到较深刻的理解。支持学生对所学内容与学习过程的反思，发展学生自我控制的能力，让其成为独立的学习者。

3. 符合信息加工学习理论

信息加工学习理论的代表者加涅认为，学习是一个有始有终的过程，这一过程可分成若干阶段，每一阶段需进行不同的信息加工。从学习的信息加工模式中可以看到，学习是学生与环境之间相互作用的结果。加涅认为，每个学习动作可以分解成八个阶段，即动机阶段、领会阶段、习得阶段、保持阶段、回忆阶段、概括阶段、作业阶段、反馈阶段。数学写作就是更好地利用作业阶段和反馈阶段助力学生的数学学习。

二、研究现状

（一）国内外关于数学写作的研究现状

1. 国内研究现状

吴宏、张珂、刘广军三位教师在《数学写作融入初中数学教学的实验研究》一文中非常详细地对数学写作进行了描述，明确了数学写作的内涵和外延、价值、应用与实践、提出问题、研究框架、研究方法、研究工具、数据收集与处理等，为本课题的开展提供了十分重要的借鉴。

胡华教师在《数学习作的价值及若干教学建议》中提出，数学写作的价值在于数学写作可以帮助学生建构数学知识，促进学生理解数学。为我们进一步明确了研究方向，为本课题研究起到了导向作用，体现了本课题的研究价值。

张俊教师在《数学写作的尝试与思考》中提出数学写作发展学生的数学知识，促进对话交流、发展学生自我监督和反思行为，促进情感的流露、发展问题解决的方法。这涉及高中生的数学写作，对本课题的研究提供很好的参考。

仓万林、李红教师在《让学生学会"数学表达""数学写作指导"教学计及思考》中指出数学写作是数学课程、写作课程的延伸拓展，提出数学写作流程：选题、列提纲、写初稿、修改、反复再修改。明确指出具体的写作流程，这源自高中的数学教学的实践，为教师指导学生开展数学写作提供蓝本。

李红、仓万林教师在《基于日常作业的数学写作》中提出了高中数学的实践案例，分为了解学情、单元学习、数学概念和典型习题理解、数学建模及寒暑假五个阶段，有步骤地体现数学写作的价值，为本课题开展数学写作提出实践性的指导，这源自高中的数学教学的实践，需要提炼核心内容。

仓万林、李红教师在《"数学写作——实践篇"教学设计与思考》一文中以学生实例形式指出数学写作具体开展有初中的勾股定理，还有一些高中的习题，提出学生写作的修改意见、教学设计说明和教学反思。

蒯红良、张群红教师在《浅析数学写作的教学策略》中探讨了数学写作的含义、八种数学写作的教学策略、十二种基础类型，让学生学到更扎实与更丰富的数学知识，为本课题的实践提供了丰富的经验参考。

胡耀华教师研究了数学写作的价值并提出了若干教学建议，指出数学写作可以帮助学生建构知识和提高元认知水平，有助于学生形成良好的认知情感，以及发展学生的创造性思维和批判性思维。在写作教学中，教师要注意让学生明确写作目的，要掌握循序渐进的培养方法以及一些必要的教学策略。

从20世纪末起，国内很多城市和地区出现了研究"数学写作"的热潮，很多学校开启了"数学写作"的全新数学教学模式。2017年，在江苏凤凰教育出版社《新高考》杂志编辑部、全国新青年数学教师工作室、江苏省数学课程基地联盟、江苏省数学文化素质教育资源库研发基地等学校的倡议下建立了"数学写作"学校联盟。截至目前，"数学写作"学校联盟成员学校已经发展了全国一半省份在内的60多所学校。

刘东升教师在《初中生数学写作资源的再利用》中指出通过写作来学习（Writing-To-Learn简称为WTL），是学生有感而发的文字。他同时在《数学写作常见问题检索与对策》中指出通过写作来学习，是一种重要的"生成性资源"。

谢登亮教师在《"双新"背景下高中数学写作教学的困与思》中指出，数学阅读过程是信息的输入，数学写作就可以看成个体在相关信息输入之后的"输出"，数学写作可以作为学生表达自己对数学认识的方式之一。

王仲英、曹一鸣教授的"数学周记"，刘艳云和黄杏芳教师的"数学日记"，马岷兴、王珊教师的"数学作文"，罗强、刘东升和仓万林教师的"数学小论文"，钟进钧教师的"数学写作"等为本课题提供了充分的参考，理论依据是布鲁姆认识领域的学习目标、贾德的学习迁移理论、加涅的信息加工学习理论、元认知理论、维果茨基的最近发展区理论等，类型涉及数学现象与问题、探究与思考、概念与方法、解题与应用、反思与拓展。

陈文阳教师在《渗透数学文化的初中数学写作实践探究》专题报告中指出，在初中数学写作活动中有效渗透数学文化，可以提升学生的数学文化素养和数学学习兴趣。

以上文献都指向数学写作的过程与方法，数学写作对学生的学习、对教师的教学发挥了很大的作用，也为本课题的开展提供了丰富的参考。我们的课题立足初中学生数学问题解决教学，扎扎实实指导学生学习数学写作（包括课内和课外两个维度的写作），学生的数学写作过程就是问题解决的过程，以期提高学生的问题解决能力。

2. 国外研究

20世纪60年代，美国教育界关注到写作与学习的密切关系，诞生了"贯穿课程"的写作。正如津泽（Zinsser）所说："写作是让你自己融入这个学科，并把学科知识内化成你自己的知识的途径。"在数学活动中，"写作学习"是在一定的知识储备下，对已有的数学信息进行分析、比较、内化和综合，从而产生想法和感受，并用文字表达出来的学习过程。在数学写作方面，美国数学教师结合具体的教学内容，进行应用尝试和探索，印证了数学写作对数学教学的重要价值，在数学写作任务的开发和呈现、写作方式的多样化等方面，积累了经验和方法。一些数学教育家开展数学写作的实验研究，证明了数学写作有促进学生深度学习，以及评价、诊断和改进教学的价值。

1991年，全美数学教师联合会（National Council of Teachers of Mathematics，简称NCTM）在"学校数学评价标准"中指出，学校的数学教育要培养学生七个方面的素养：数学解决能力、解决问题的能力、数学交流能力、推理能力、数学概念、数学过程、数学气质。其中，数学交流能力和其他能力并重，并且该标准还多次强调数学写作对数学学习的作用。同时也指出数学写作可以促进教师和学生形成良好的师生关系。

新加坡的数学课程目标中指出：用书面、几何、图表和数表的形式来表达、解释和应用信息，用数学的语言、符号和图表来有效地理解、表达和交流数学的概念。可见，新加坡很重视学生的数学表达，并将这列入为课程标准内容之一。

英国数学课程目标中明确"培养学生口头或书面数学交流及阅读和理解的能力，欣赏怎样用数学观点来解释现实世界"。英国同样重视学生的数学表达及阅读理解能力。

以上国家都非常重视培养学生的数学表达能力，国外的数学教育非常重视培养学生撰写和研究论文方面的能力，从而培养了众多的创新型研究性人才，这值得我们学习。扎扎实实在问题解决教学中指导学生数学写作，学生写作的过程就是反思与回顾的过程，就是问题解决的过程，就是学生提高思维的过程。

（二）国内外关于问题解决的研究现状

1. 国内研究现状

1983年，我国著名数学家徐利治在《数学方法论选讲》中提出了"映射—反演（RMI）"原则：利用映射来连接多个不同数学领域中的问题模块，从而得出问题转化的思想，在问题解决上给出了较高层次的指引，在2008年他又和郑毓信先生合作完成了另一名著——《关系映射反演原则及应用》。另外，徐利治很重视MM方法（Math—Model数学模型方法）的应用，MM方法也是目前问题解决的一种重要模式。

著名数学教育家张奠宙是我国数学问题解决教学的先驱，他出版了很多有关数学问题解决教学的论著，近年来张奠宙根据实际教学和发展的需要主张把数学传统的"双基"教学和新生的问题解决教学相互结合的观点。中学阶段的数学教育可以适当引入一些抽象的知识，它是智力型，要突出培养学生思维和抽象思考的能力。

郑毓信先生是我国近代数学教育家，他在数学问题解决教学的领域有很深的研究，也取得了辉煌的成就。郑先生在大量学习和吸收外国先进的数学问题解决教学经验基础上，加上他本人深厚的数学哲学与数学方法论的知识，他在数学问题解决方面的研究取得了突破性的进展，这些观点主要体现在他的两篇论文《"问题解决"与数学教育》《关于问题解决的再思考》和专著《问题解决与数学教育》中。郑毓信将问题解决的内涵做了比较清晰的解释，以及为什么把它定义为数学教育的中心环节做了解析，强调问题解决在教学中的重要地位。郑毓信认为，知识的良好组织、探索方法、调节、观念和情感是影响问题解决能力的五种关键因素，并对如何提出有质量的问题，问题提出后如何集体合作交流解决问题做了详细的论述。只有将数学思维方法的分析渗透到具体数学知识内容的教学之中，我们才能使学生真正看到数学思维的力量，并使之成为可以理解的、可以学到手的和能够加以推广应用的知识。

张庆林等把小学数学应用题的认知过程分为三个阶段：表征问题、解答问题、思路总结；朱德全提出了数学问题解决的"四步再反馈程式"；何小亚将数学问题解决的心理过程分为四个阶段：意识到问题存在、表征问题、确定解题策略、评价与反思。何小亚在《中学数学教学设计》中对数学问题解决活动过程进行了分析，他认为在问题解决中的阶段、步骤只是问题解决循环中既可前进又可回复的一个循环点，而不是线性发展过程中经过的一个环节。数学问题解决教学活动的设计应该体现问题解决活动过程的非线性、动态循环特征。

孔建霞在论文《初中数学问题解决教学研究》中提出在初中课内和课外进行数学问题解决教学的形式的观点；郭珍贞在论文《初中数学问题解决的教学策略》中提出问题解决教学模式、开放性问题解决的教学策略的观点；彭勇在论文《初中数学"问题解决"教学实践与研究》中提出问题解决的教学流程、基本原则、实践等观点。

综上所述，我国著名数学家徐利治、郑毓信、张奠宙、张庆林、何小亚、孔建霞、郭珍贞和彭勇都是提出在数学问题解决中的一些实用的可供参考的教学策略。

2. 国外研究现状

古希腊大哲学家、教育家苏格拉底提出"产婆术"的教育理论，即提问引导学生学习。其教学步骤是：第一步，教师提出问题，学生回答。第二步，学生回答错了，教师不立即帮助纠正，而是根据错误的答案，又提出新问题，再让学生回答。这样不断重复，引导学生发现前后答案出现的矛盾之处，帮助学生纠正、归纳，使学生知道自己原来的答案是错误的。

1910年，美国哲学家、教育家约翰·杜威把关于"思维就是问题解决"的结论应用于教育学之中，在《民主主义与教育》一书中引入了"通过问题解决进行学习"和"做中学"的教育思想，提出"教学应从学生的经验和活动出发，使学生在游戏和工作中，采用与儿童和青年在校外从事的活动类似的活动形式"的理论。杜威把问题解决的过程分为五步：第一，教师应当结合问题，给学生创造一种符合他们认知水平的情景，该情景应该能引起学生对问题了解的兴趣；第二，要给学生提供解决问题的条件，如足够的参考资料，动手操作的基本硬件，能够合作交流的小组成员等；第三，学生结合问题情景，提出一些问题，并能给出这些问题的答案或猜想；第四，学生根据个人或小组的猜想，合作解决问题，发现错误能自己及时调整，逐步修正结论；第五，学生要运用形成的结论去解决新问题以进一步验证和修改。在运用的过程中，学生发现自己的猜想、结论的正确性和有效性。

美籍匈牙利数学教育家波利亚认为，问题和思考按照解决问题的过程分为四个阶段：理解问题—构思解题计划—执行计划—回顾和反思。

　　继波利亚之后，数学问题解决在理论上取得重要进展，美国学者匈菲尔德在1985年的《数学问题解决》中提出了问题解决思维能力的四个构成要素：①认知的资源，指解题者所具有的与问题有关的数学知识；②发现式解题策略，指解决非常规和非标准化问题时所用的策略和技巧；③控制，指对资源和策略的选择和执行做出相关的决定，即对解题过程的控制；④信念系统，指解题者对数学本质及如何思考的总体看法。匈菲尔德的观点为我们的研究奠定了理论基础，使认知科学介入了问题解决的理论与实践。

　　综上所述，苏格拉底的"产婆术"、杜威的五步解题法、波利亚提出解决问题过程的四个阶段，都指出了在解题中比较实用的方法、步骤等，容易让学生接受，化难为易，值得我们在课堂教学中学习，但是根据我国的国情、办学条件和教育政策等因素不适宜照搬照套他们的做法，必须加以改良。这些研究为我们的课题开展提供了很好的参考价值，为了解决教学的困境，本课题让学生进行数学写作来提高学生问题解决的能力，落实到课堂教学中，教学流程中的学习任务驱动学生主动经历探究、内化、提升和创新等过程，教师批改学生的数学写作，学生之间分享数学写作，互相促进，互相提高，满足学生终身发展的需求。

三、总体框架、基本内容和拟达到的目标

（一）总体框架

本课题的总体框架，如图1-1所示。

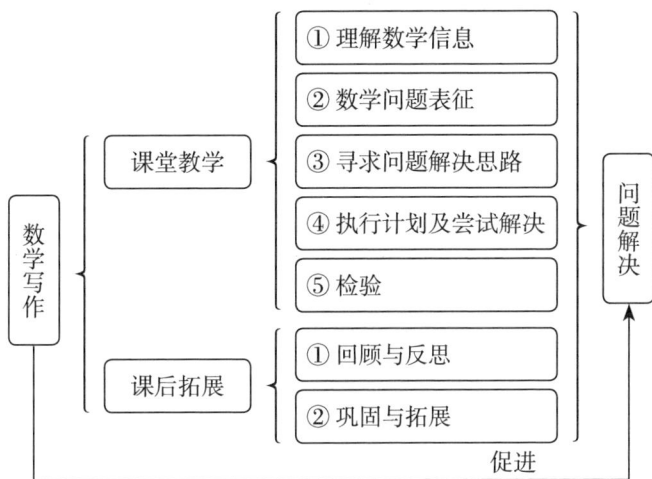

图1-1　数学写作的总体框架

（二）基本内容

1. 核心概念的界定

数学写作指学生通过写作促进数学学习，即以写作的形式，用文字、图表、符号等形式记录和外显自己的思维过程，反思自己对数学知识的理解，发现数学问题、提出数学问题、探究数学问题，提高自身数学能力和数学表达交流等能力。数学写作从内容上可分为课堂教学和课后拓展两部分：课堂教学包括理解数学信息、数学问题表征、寻求问题解决思路、执行计划及尝试解决、检验；课后拓展包括回顾与反思、巩固与拓展。

问题解决教学指学生能够通过主动探索去发现问题，结合自身的数学学习水平、数学知识技能创造性地解决问题，并且能将解决问题的方法形成规律方法，再应用到学习活动中。

2. 研究内容

（1）初中数学问题解决教学的现状调查与分析

将本课题合作的两所学校学生作为调查对象，课题组成员对两所学校学生在问题解决这方面的调查，涉及一元一次方程、二元一次方程组、分式方程及一元二次方程等的问题解决教学，重点调查教师怎样教和学生怎样学。

（2）数学写作在初中数学问题解决教学中的应用策略研究

数学写作分为课上教学写作和课下拓展写作，实现在课上课下都能提高学生的思维，以课上教学为主，课下拓展是课堂教学的延伸。数学写作应用在问题解决教学时，要遵循引导学生发现问题、分析问题、解决问题的学习过程，重视对学生解决问题的策略进行培养，合理充分地利用数学写作，要求学生在课堂上知道对教学要点进行记录，课下对错题进行归纳与反思。落实具体的数学写作，形成学生作品集等，提炼行之有效的应用策略。

（3）数学写作在初中数学问题解决教学中案例研究

在教学内容的问题解决方面，开展课上教学和课下拓展的实践，全面提升学生的问题解决能力，形成教学案例。

（三）目标

1. 阶段性目标

（1）2022年，课题组成员对师生进行数学问题解决教学的现状调查，分析数据并形成实验报告，实施课题研究，形成论文并公开发表。

（2）2023年，基于第一阶段已有的数学写作实践经验，优化数学写作在问题解决的课堂教学中实施，形成案例分析。

2. 总体目标

学生学习数学问题解决后，涉及一元一次方程、二元一次方程组、分式方程及一元二次方程等问题解决教学，教师指导学生借助图表、符号、文字等形式将解决问题的结果呈现出来，组织学生之间的交流、展示与评价，并及时进行记录反思。经过一年多的实践，学生能自主进行数学写作，增长学生的数学知识、扩展学生的数学思维，提高学生的核心素养。

我们准备在实施过程中不断思考、实践、调整、再实践，让学生形成数学写作的良好意识与能力，同时教师的教学水平也得到提高，实现"以写促学""以学促教"的目标。

四、拟突破的重点、拟解决的关键问题及主要创新之处

（一）拟突破的重点、拟解决的关键问题

（1）如何提高教师自身的数学写作水平，开发教师问题解决教学的资源？

（2）如何指导学生在问题解决教学后进行数学写作，激励学生发自内心地坚持进行数学写作，发展数学知识和数学思维？

（二）主要创新之处

1. 学生方面

实现"以写促学"的目标。学生参与课上与课下的数学写作，写作类型可以丰富多样，学生写作解决教学的所思、所疑、所创等问题，长年累月，厚积薄发，懂得深、记得牢，有助于学生自主建构知识体系和形成良好的认知情感，提高学生的元认知水平和综合素养，为社会培养研究型的人才。

2. 教师方面

实现"以学促教"的目标。教师在课上指导学生数学写作，带着学生一起赏析作品，提高学生的核心素养。教师关注学生的学情和情感，促进师生交流，开辟一条了解学生的新渠道，舍弃唯分数论的评价学生观，深度引导学生向数学知识顶峰攀登，促进教学相长。

五、研究方法、研究手段和研究计划

（一）研究方法

（1）文献研究法：参考相关的文献，提炼适合本课题的素材，撰写申报书。

（2）调查研究法：调查两所学校师生问题解决的教学现状，分析数据，形成报告。

（3）行动研究法：经过一年半的实践，落实在问题解决教学中的写作任务，积累教学策略，形成有代表性的案例，收集学生的优秀作品。

（4）个案研究法：选取几个数学成绩一般的学生，跟踪他们的数学写作质量和数学成绩，形成案例。

（二）研究手段

本课题的研究手段是问卷调查、实地实践等。

（三）研究计划

本课题历时两年，具体分为以下三个阶段。

第一阶段：准备阶段（2021年4月至12月）

（1）成立课题组，确定课题研究的名称、方向和方法，大量查阅相关的文献，提取有价值的参考文献，设计具体的研究内容和目标。

（2）着手撰写课题申报书，优化课题研究的细节，进一步策划课题的具体操作。

第二阶段：实施阶段（2022年1月至2023年10月）

（1）进行在校学生的问卷调查，根据两所试点学校学生及班级情况，有针对性地在项目组成员任教的班级中开展课题研究。

（2）对开展研究班级的学生进行数学写作培训，包括学习数学写作的方法、类型、目的、技巧等，有步骤、有主题、循序渐进地开展数学写作，教师多关注班级中各层次学生的情况，引导、批改和评价要及时，收集学生的优秀作品，做适时的调整，并形成相关的研究报告，发表论文。

（3）每个成员跟踪自己班级几个有代表性学生的数学写作及数学学习状况，观察实验效果是否明显，并做适时的调整。

（4）建立优秀作品资源库，在班里搞评比活动，鼓励学生参加展评活动，积累写作经验，提高问题解决和写作的能力。

（5）成员争取机会进行推广课题成果，围绕数学写作在初中数学问题解决教学的应用研究，承担一至二节校级相关公开课，把课题研究成果在校内推广。

第三阶段：结题阶段（2023年11月至2023年12月）

（1）整理、收集学生的优秀作品，形成汇编，举办学生优秀作品展。

（2）收集师生获奖及发表的论文，撰写结题报告，填写结题的相关资料。

数学写作在数学教学中的实施策略与反思

一、出现的问题与解决问题的措施

通过调研与问卷调查的数据形成真实问题，依据问题聘请专家——广州市正高级教师钟进均教师前来指导课题的开展，参加各种各样的教研活动，研读相关的参考文献，每周布置学生进行数学写作练习，教师全批全改，给予学生适当的评语，把选出的优秀作品拍照，将照片放到教师的微信朋友圈，优中选优，把最优秀的作品转化为电子文档，通过个人公众号"燕说数学"予以发布。

（一）分析问卷调查的数据

学生完成问卷调查后，由成绩较好的学生统计数据，遇到的问题是如何整理分析数据，经过参加各种学术交流会或面授的培训，咨询专家后，获得分析数据的方法。

（二）选出优秀作品

日常数学教学讲究进度，不可能每周都指定用一节数学课专门指导学生数学写作，但是不指导学生如何写，就不能保证学生的写作质量。解决的办法是每周确定不同的主题，循序渐进地让学生进行数学写作，如开学初让学生写作的主题是"我的数学学习目标""我最喜欢的一道数学题", 学期中布置给学生的数学写作主题是"我的一道错题""思维导图""总结数学期中质量检测的得与失", 等等。

为了提高学生的数学写作质量, 要在课前告诉学生具体写什么, 甚至发一些作品让学生模仿, 在课堂中展示其他的优秀作品让学生参考。为了选拔出优秀的作品, 教师可采取全批全改全下评语的评改方式, 在上课前口头表扬写得比较好的学生。

(三) 推广学生的作品

1. 手抄报

学期末, 以布置寒假作业的形式, 进行以"好题赏析"为主题的手抄报评比, 打破了数学作业唯解题的单一的作业形式, 充分发挥学生的能动性, 换一种方式让学生"图文并茂"地学数学, 享受数学之美。这一活动容易操作, 收效也很好。

2. 优秀作品在教师微信朋友圈分享

把优秀的作品拍照, 将照片在教师的微信朋友圈分享, 以此表扬学生, 鼓励学生继续写出更多优秀的作品。这一举动坚持了一年多, 笔者发现学生的数学写作变得越来越好。

3. 创建公众号"燕说数学", 试着分享优秀作品

一些教授、专家、名师的公众号会分享一些非常有价值、有意义的文章, 让笔者受到了启发, 能否也像他们那样发布学生的作品呢? 答案是肯定的。

于是, 我找专员帮我申请私人公众号, 2022年4月4日终于申请成功, 后来的一段时间, 我迟迟没有使用这个公众号。有一天, 聆听一位专家的讲座, 他说, 空想是没用的, 要把想转化为做。记得2022年9月的一个晚上, 我鼓起勇气, 打开公众号, 幸好我有做学校公众号的经验，凭着这经验着手输文字—上传图片—发送，结果成功了，后来发现有错别字，又尝试删除修改，再等到凌晨后发布，结果又发布成功了。我就一发不可收拾，接连发给学生、家长学习，学生之间可以借着这个平台被表扬和互相学习，同时，我将相关作品转发到微信朋友圈（如图1-2所示），扩大影响力，得到更多的关注。

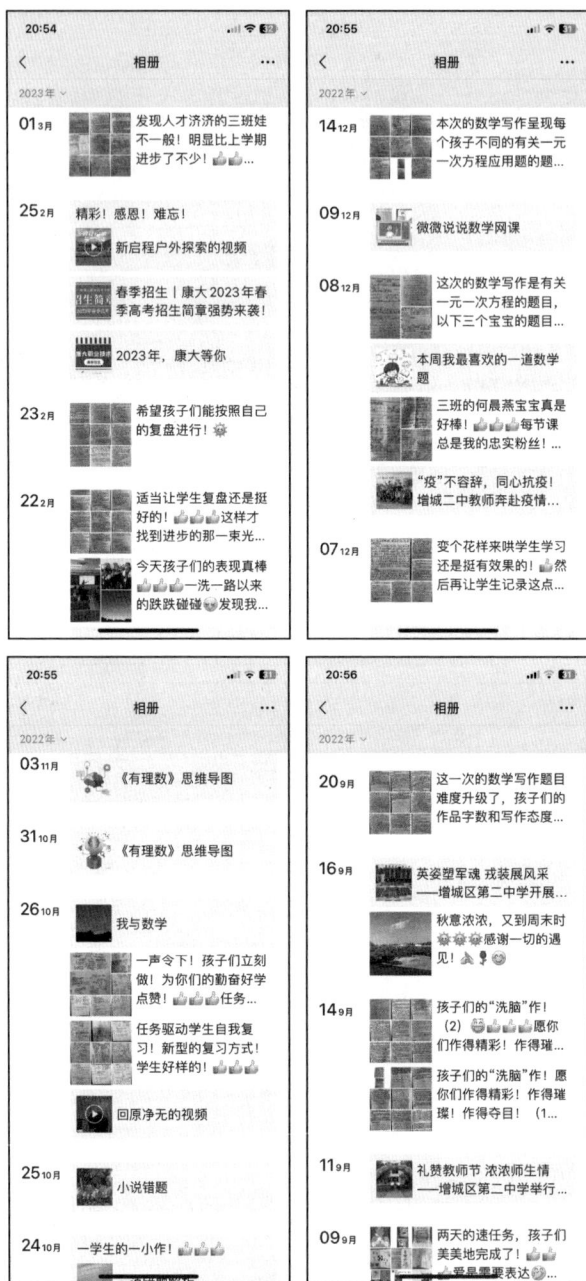

图1-2 微信朋友圈截图

二、创新点

在实施过程中，对学生、教师和学校有以下成效。

（一）学生方面

本课题的具体操作是让学生准备一个专门用于数学写作的本子，每周按照教师布置的全命题主题或半命题主题进行写作，具体的主题有一题多解、好题分享、思维导图、考后反思等，学生的写作能力得到了提高，数学写作写得好的学生，其他学科的成绩也有所提升，实现了跨学科的融合，提高了学生问题解决的能力。

（二）教师方面

实现"以学促教"目标。在课堂上以数学写作的手段促使学生学习新知识，提高学生的核心素养。教师通过批改数学写作作业，通过语言及书面表达方式关注学生的学情和情感，促进师生间的交流，从而深度引导学生改变不良的数学学习习惯，鼓励学生向数学高峰攀登，促进教学相长。

（三）学校方面

实现"以教促研"目标。本课题的研究成果可以推广到其他学科，这有利于学校内部积蓄牢固的教研力量，提高学校的教研质量，提高学校的品牌知名度，也可供其他兄弟学校借鉴。

三、资源开发

建立学生优秀作品资源库，分门别类地对优秀作品进行整理，利用朋友圈和公众号推广学生的优秀作品或教师的作品，学生的写作类型包括错题分析、好题赏析、考试反思、知识思维导图等，利用网络资源既可以推广学生的优秀作品又可以让学生互相学习，这些网络资源随时可供学生查阅。

四、问题与不足

（1）本课题将继续探索与实施，将让更多的学生、同行关注公众号，希望专家同仁能提出宝贵的整改意见，使之提高效能。

（2）等待收集到内容更丰富、水平更高的学生优秀作品后，会将其将制作成学生优秀作品汇编，举办作品展，以提高数学写作的宣传范围。

（3）如何提高学生数学写作的积极性，是否制作相关的视频等，有待继续探索。

五、教学评价

《义务教育数学课程标准（2022年版）》指出：发挥评价的育人导向作用，坚持以评促学，以评促教。评价分为教学评价及学业水平考试评价。其中，教学评价的方式比较丰富，评价维度多元，评价主体多样，评价结果的呈现与运用较灵活。在现在的考试制度下，评价方式主要是考试分数评价，本课题则增加了一种评价方式。

（一）评价原则

评价的原则是立足学校师生的现状，秉承立德树人的理念，落实"双减"政策，发展学生数学核心素养的评价原则。评价数学写作时要注重学生的参与性，尊重学生的个体差异，关注学生的情感态度，注重发布优秀作品的数量与质量。

（二）评价方法

确保每周布置学生完成一次命题数学写作，口头表扬写得好的学生，坚持每周发布微信朋友圈及公众号，每学期举行一次与数学写作相关主题的手抄报比赛。

立足学生的实际情况，围绕知识与技能、过程与方法、情感态度与价值观三个方面评价学生的作品。有学者曾经做过问卷调查，结果显示学生最喜欢教师采用"评语"的方式评价学生的数学写作情况，本课题采用纯"教师评语"的方式评价，既不分等级伤害学生的自尊心，也不会给出具体的分数挫败学生数学写作的积极性，对学生进行个性化的表扬、鼓励、建议，力求做到因材施教。若符合优秀作品的要求则进行拍照以及布置公众号的准备。教师评价，学生及家长通过公众号阅读优秀作品，作品类别不同，评价指标不同，根据指标要求筛选出优秀的作品，让学生明确优秀作品的标准，鼓励学生对照评价指标进行数学写作。

第二章

"数学写作在初中数学问题解决
教学中的应用研究"的调查分析报告

一、信度分析

表2-1是初中生数学问题解决能力量表的信度分析表。信度（Reliability）即可靠性，是指采取同样的方法对同一对象重复进行测量时，其所得结果相一致的程度。信度就是指测量数据的可靠程度。在信度分析时，常用克隆巴赫系数衡量量表或测验信度。一般而言，如果克隆巴赫系数大于0.9，则认为量表的内在信度很高；如果克隆巴赫系数大于0.7且小于0.9，则认为内在信度较好；如果克隆巴赫系数大于0.5且小于0.7，则认为内在信度可以接受；如果克隆巴赫系数小于0.5，则认为量表设计存在很大问题，应考虑重新设计。初中生数学问题解决能力量表对应克隆巴赫系数为0.948，大于0.9，说明该量表的信度很好。

表2-1　初中生数学问题解决能力量表的信度分析

克隆巴赫系数	项数
0.948	20

二、效度分析

表2-2是初中生数学问题解决能力量表的效度分析表。效度即有效性，是指测量工具或手段能够准确测出所要测量的事物程度。效度是指所测量到的结果反映所想要考察内容的程度，测量结果能显示其所要测量事物的特征，则效度越高；反之，则效度越低。效度一般以KMO（Kaiser Meyer Olkin）抽样适合性衡量和巴特利特球形度检验（Bartlett's Test of Sphericity）来测量。KMO值越大，表示变项间的共同因素越多，越适合进行因素分析。KMO值在0.9以上，非常适合做因子分析；KMO值在0.8~0.9之间，很适合；KMO值在0.7~0.8之间，适合；KMO值在0.6~0.7之间，尚可；KMO值在0.5~0.6之间，表示很差；KMO值在0.5以下应该放弃。巴特利特球形度检验的显著性水平$P < 0.05$，说明因子的相关系数矩阵非单位矩阵，能够提取最少的因子同时又能解释人部分的方差，适合做因子分析，问卷效度良好。由表2-2可知，初中生数学问题解决能力量表的KMO值为0.962，大于0.9；巴特利特球形度检验统计量对应的P值为0.000，小于0.05的显著性水平，表明该量表的效度很好。

表2-2　初中生数学问题解决能力量表的效度分析

KMO取样适切性量数		0.962
巴列特球形检定	上次读取的卡方	19322.26
	自由度	190
	显著性（P）	0.000

三、实验前的现状调查

（一）人口学样本的特征分析

表2-3是性别频数分析表，其中男生784人，占比50.3%。女生774人，占比49.7%。说明被调查对象中，男生人数和女生人数较为均衡，在50%左右。性别分布情况饼状图，如图2-1所示。

表2-3　性别的频数分析

性别	频数（人数/人）	百分比/%	有效百分比/%	累积百分比/%
男	784	50.3	50.3	50.3
女	774	49.7	49.7	100
总计	1558	100	100	—

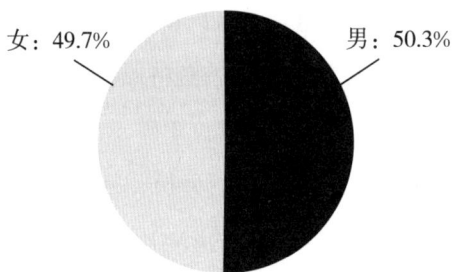

图2-1　性别分布情况饼状图

表2-4是年级的频数分析表，其中七年级533人，占比34.2%。八年级447人，占比28.7%。九年级578人，占比为37.1%。说明在被调查对象中，七年级、九年级人数相对较多，八年级人数相对较少。年级人数分布情况的柱状图，如图2-2所示。

表2-4 年级的频数分析

年级	频数（人数/人）	百分比/%	有效百分比/%	累积百分比/%
七年级	533	34.2	34.2	34.2
八年级	447	28.7	28.7	62.9
九年级	578	37.1	37.1	100
总计	1558	100	100	—

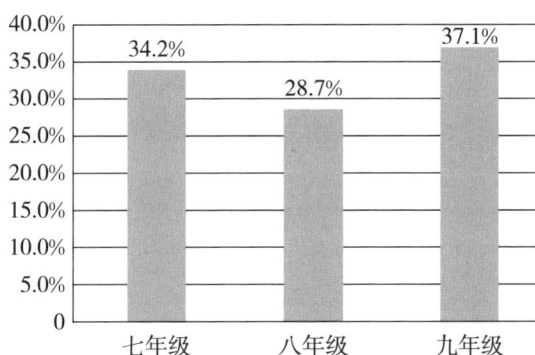

图2-2 年级人数分布情况柱状图

表2-5是是否了解数学写作的频数分析表，其中听说过数学写作的同学有440人，占比28.2%。没听说过的同学有837人，占比53.7%。听说过但不了解的同学有281人，占比为18.1%。说明在被调查对象中，没听说过数学写作的学生人数相对较多。是否了解数学写作柱状图，人数分布情况如图2-3所示。

表2-5 是否了解数学写作的频数分析

情况	频数（人数/人）	百分比/%	有效百分比/%	累积百分比/%
听说过	440	28.2	28.2	28.2
没听说过	837	53.7	53.7	81.9
听说过但不了解	281	18.1	18.1	100
总计	1558	100	100	—

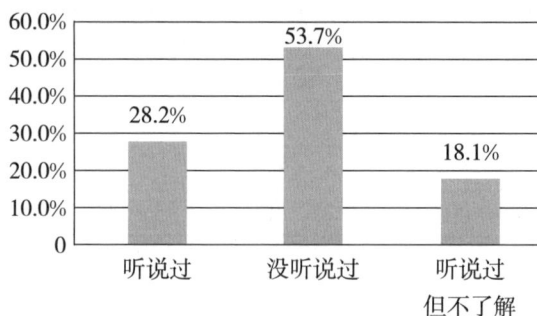

图2-3 是否了解数学写作人数分布柱状图

（二）数学写作的现状分析

表2-6是数学学习中是否有以文字的形式来阐述数学概念、定理、公式的习惯的频数分析表，其中经常使用的同学有228人，占比14.6%，偶尔使用的同学有708人，占比45.4%，几乎不会使用的同学有493人，占比31.6%；从没有，但见过别人会这样的同学有129人，占比8.4%。说明在被调查对象中，其偶尔和几乎不会在数学学习中以文字的形式来阐述数学概念、定理、公式的习惯的学生人数较多。其饼状图，如图2-4所示。

表2-6 数学学习中是否有以文字的形式来阐述数学概念、定理、
公式的习惯频数分析

情况	频数（人数／人）	百分比/%	有效百分比/%	累积百分比/%
经常使用	228	14.6	14.6	14.6
偶尔使用	708	45.4	45.4	60.0
几乎不会使用	493	31.6	31.6	91.6
从没有使用，但见过别人会这样	129	8.4	8.4	100
总计	1558	100	100	—

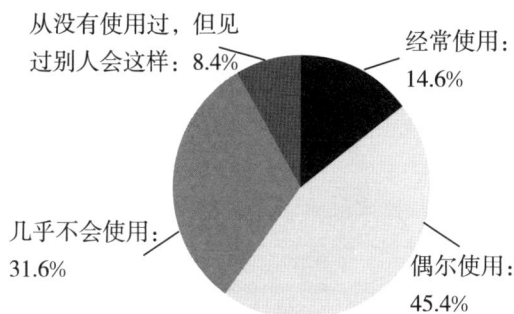

图2-4 数学学习中是否有以文字的形式来阐述数学概念、
定理、公式的习惯人数分布饼状图

　　表2-7是在数学问题解决过程中是否有以文字的形式来整理解题过程、提炼解题方法的习惯的频数分析表,其中经常使用的同学有249人,占比16.0%;偶尔使用的同学有680人,占比43.6%。几乎不会使用的有489人,占比31.4%。从没有使用过,但见过别人会这样使用的同学有140人,占比为9.0%。说明被调查对象中,偶尔和几乎不会在数学问题解决过程中有以文字的形式来整理解题过程,提炼解题方法的习惯的学生人数较多。其饼状图,如图2-5所示。

表2-7 在数学问题解决过程中是否有以文字的形式来整埋解题过程、
提炼解题方法的习惯频数分析

情况	频数(人数／人)	百分比／%	有效百分比／%	累积百分比／%
经常使用	249	16.0	16.0	16.0
偶尔使用	680	43.6	43.6	59.6
几乎不会使用	489	31.4	31.4	91.0
从没有使用,但见过别人会这样	140	9.0	9.0	100
总计	1558	100	100	—

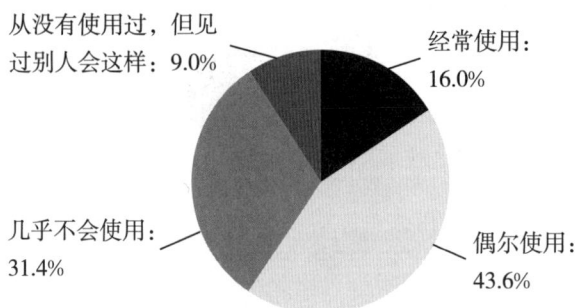

图2-5　在数学问题解决过程中是否有以文字的形式来整理解题过程、
提炼解题方法的习惯人数分布饼状图

表2-8是在数学学习过程中是否有以文字的形式记录学习心得和体验的习惯的频数分析表，其中经常这样做的同学有156人，占比10.0%；偶尔这样做的同学有591人，占比37.9%；几乎不会这样做的同学有655人，占比42.1%；从没有，但见过别人会这样做的同学有156人，占比10%。说明被调查对象中，偶尔和几乎不会在数学学习过程中有以文字的形式记录学习心得和体验的习惯的学生人数较多。其条形图，如图2-6所示。

表2-8　在数学学习过程中是否有以文字的形式记录学习心得和
体验的习惯频数分析

情况	频数（人数/人）	百分比/%	有效百分比/%	累积百分比/%
经常	156	10.0	10.0	10.0
偶尔	591	37.9	37.9	47.9
几乎不会	655	42.1	42.1	90.0
从没有，但见过别人会这样	156	10.0	10.0	100
总计	1558	100	100	—

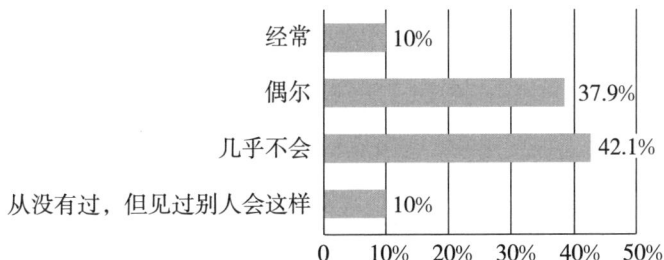

图2-6　在数学学习过程中是否有以文字的形式记录
学习心得和体验的习惯人数分布条形图

　　表2-9是在数学学习时与教师进行交流是否重要的频数分析表，其中认为非常重要的同学有703人，占比45.1%，认为一般重要的同学有397人，占比25.5%；视情况而定的同学有374人，占比为24.0%；认为不重要的同学有84人，占比为5.4%。说明在被调查对象中，大部分人都意识到在数学学习时与教师进行交流是重要的。其条形图，如图2-7所示。

表2-9　在数学学习时与教师进行交流是否重要频数分析

情况	频数（人数/人）	百分比/%	有效百分比/%	累积百分比/%
非常重要	703	45.1	45.1	45.1
一般重要	397	25.5	25.5	70.6
视情况而定	374	24.0	24.0	94.6
不重要	84	5.4	5.4	100
总计	1558	100	100	—

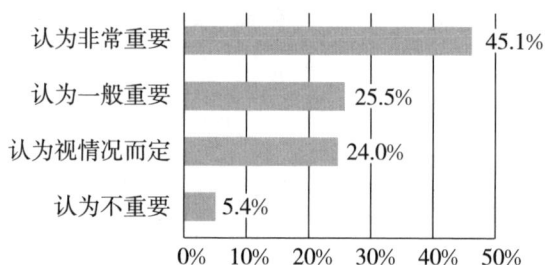

图2-7　在数学学习时与教师进行交流是否重要人数分布条形图

表2-10是在数学学习过程中，是否主动与教师沟通交流的频数分析表，其中经常与教师沟通的同学有370人，占比23.7%。偶尔与教师沟通的同学有753人，占比48.3%；几乎不会与教师沟通的同学有318人，占比20.4%；从不与教师沟通的同学有117人，占比为7.6%。说明在被调查对象中，大部分人偶尔或经常在数学学习过程中，主动与教师沟通交流。其条形图，如图2-8所示。

表2-10　在数学学习过程中，是否主动与教师沟通交流频数分析

情况	频数（人数/人）	百分比/%	有效百分比/%	累积百分比/%
经常	370	23.7	23.7	23.7
偶尔	753	48.3	48.3	72.0
几乎不会	318	20.4	20.4	92.4
从不	117	7.6	7.6	100
总计	1558	100	100	—

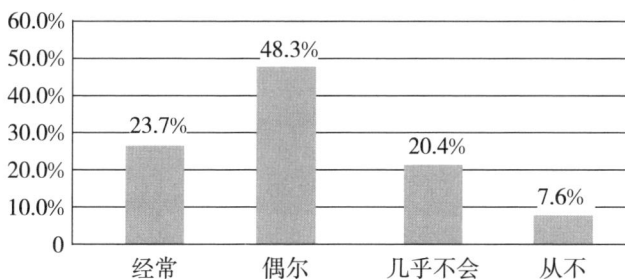

图2-8　初中生数学问题解决能力人数分布柱状图

　　表2-11是在数学学习过程中，与教师沟通交流的方式的频数分析表，其中在课堂上回答问题的同学有781人，占比31.8%；课后面对面与教师交流的同学有857人，占比34.9%；打电话、发短信或微信与教师交流的学生有316人，占比为12.9%；通过写作与教师交流的学生有164人，占比6.7%；几乎不与教师交流的学生有149人，占比6.1%；其他的同学有187人，占比为7.6%。说明在被调查对象中，在数学学习过程中，与教师沟通交流的方式主要采用的是课后面对面与教师交流或在课堂上回答问题。其条形图，如图2-9所示。

表2-11　在数学学习过程中，与教师沟通交流的方式频数分析

情况	响应	
	N（人数/人）	百分比/%
在课堂上回答问题	781	31.8
课后面对面与教师交流	857	34.9
打电话、发短信或微信等	316	12.9
通过写作与教师交流	164	6.7
几乎不交流	149	6.1
其他	187	7.60
总计	2454	100

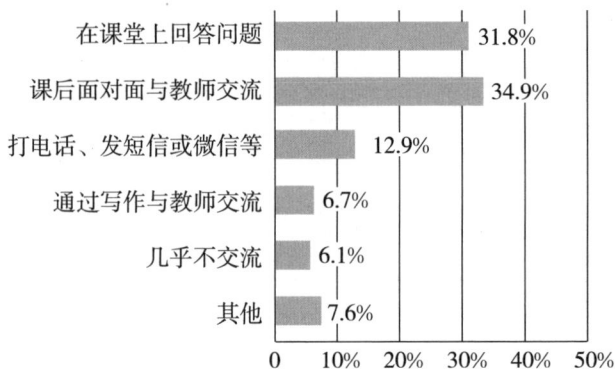

图2-9 数学学习过程中，与教师沟通交流的方式人数分布条形图

表2-12是对数学写作是否感兴趣的频数分析表，其中非常感兴趣的同学有196人，占比12.6%；感兴趣的同学有576人，占比37%；不太感兴趣的同学有575人，占比36.9%；非常不感兴趣的同学有211人，占比13.5%；说明在被调查对象中，对数学写作感兴趣和不太感兴趣的人数占比几乎相等。其柱状图，如图2-10所示。

表2-12 对数学写作是否感兴趣频数分析

情况	频数（人数/人）	百分比/%	有效百分比/%	累积百分比/%
非常感兴趣	196	12.6	12.6	12.6
感兴趣	576	37.0	37.0	49.6
不太感兴趣	575	36.9	36.9	86.5
非常不感兴趣	211	13.5	13.5	100
总计	1558	100	100	—

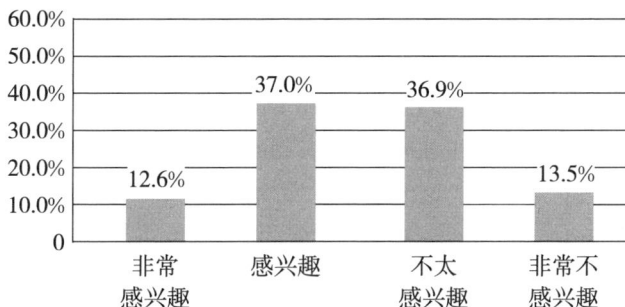

图2-10　对数学写作是否感兴趣柱人数分布状图

表2-13是数学写作是否有利于你的学习的频数分析表，其中认为很有帮助的同学有295人，占比18.9%；认为有一定帮助的同学有867人，占比55.6%；认为没多大帮助的同学有272人，占比17.5%；认为毫无帮助的同学有124人，占比为8%。说明在被调查对象中，大部分人认为数学写作对自己的学习是有一定帮助的。其柱状图，如图2-11所示。

表2-13　数学写作是否有利于你的学习频数分析

情况	频数（人数/人）	百分比/%	有效百分比/%	累积百分比/%
很有帮助	295	18.9	18.9	18.9
有一定帮助	867	55.6	55.6	74.5
没多大帮助	272	17.5	17.5	92.0
毫无帮助	124	8.0	8.0	100
总计	1558	100	100	—

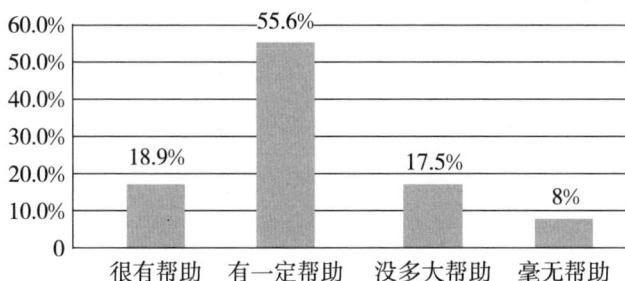

图2-11 数学写作是否有利于你的学习人数分布柱状图

　　表2-14是开展数学写作，你认为以写作的方式与教师沟通交流对你的数学学习是否有帮助的频数分析表，其中认为很有帮助的同学有264人，占比16.9%；认为有一定帮助的同学有781人，占比50.1%；认为没多大帮助的同学有261人，占比16.8%；认为毫无帮助的同学有252人，占比为16.2%。说明在被调查对象中，大部分人认为以写作的方式与教师沟通交流对数学学习是有一定帮助的。其饼状图如图2-12所示。

表2-14　开展数学写作，你认为以写作的方式与教师沟通交流对你的
数学学习是否有帮助频数分析

情况	频数（人数/人）	百分比/%	有效百分比/%	累积百分比/%
很有帮助	264	16.9	16.9	16.9
有一定帮助	781	50.1	50.1	67.0
没有帮助	261	16.8	16.8	83.8
不知道	252	16.2	16.2	100
总计	1558	100	100	—

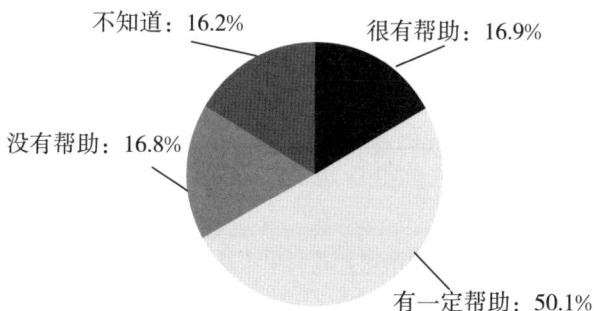

图2-12　开展数学写作，以写作的方式与教师沟通交流对你的数学学习
是否有帮助人数分布饼状图

总结：从表2-6～表2-14可以看出，学生能够意识到数学学习时与教师进行交流是重要的；会在学习过程中采用课后面对面与教师交流或在课堂上回答问题与教师进行交流的方式；对数学写作有一定的兴趣，认为数学写作方式对数学学习具有一定帮助；目前在实际中运用数学写作的方式的频率不高，在数学学习过程中以文字的形式来阐述数学概念、定理、公式，以文字的形式来整理解题过程，提炼解题方法，以文字的形式记录学习心得和体验，偶尔和几乎不会这样做的学生占比较高，学生还不能很好地坚持这种习惯，需要进一步加强和运用这种方式和理念。

（三）初中生数学问题解决能力的现状分析

表2-15是初中生数学问题解决能力的现状分析表，初中生数学问题解决能力各题项的得分在3左右，处于中等水平。其中"如果在解决问题的过程中碰到困难，我会通过与他人合作的方式来解决数学问题"的得分最高，为3.261。"在数学课堂中，当教师提问时，我会主动思考并积极发言"的得分最低，为3.018。

表2-15 初中生数学问题解决能力的现状分析

题项	平均值	标准差	排序
Q13在数学课堂中，当教师提问时，我会主动思考并积极发言。	3.018	1.085	20
Q14在数学课堂中，当教师提问时，我能很快理解问题是什么。	3.156	1.003	10
Q15在数学课堂中，当教师提问时，我能很快且较准确地表述问题的内容。	3.093	0.976	15
Q16在数学课堂中，当教师提问时，我能很快明确解决问题所需要的知识。	3.104	1.004	13
Q17在解决数学问题的时候，我会先理清解决该问题的思路，列出需要解决的复杂问题中的要点。	3.129	1.016	12
Q18在数学课堂中，我总是能发现与解决问题有关的主要信息。	3.146	0.973	11
Q19对于解决复杂的数学问题，我会将其拆分成几个简单的小问题逐步去解决。	3.074	0.999	17
Q20如果在解决问题的过程中碰到困难，我会克服一切困难完成任务。	3.212	1.016	6
Q21如果在解决问题的过程中碰到困难，我会考虑不同的方法解决同一数学问题，而不是一种特定的思维。	3.198	1.049	8
Q22如果在解决问题的过程中碰到困难，我会积极主动地向教师提问。	3.249	1.042	3
Q23如果在解决问题的过程中碰到困难，我会自己上网查资料，想通过个人的能力解决问题。	3.259	0.999	2
Q24如果在解决问题的过程中碰到困难，我会通过与他人合作的方式来解决数学问题。	3.261	1.032	1
Q25遇到数学问题时，我会联想到以前所解决过的与此类似的问题，并尝试用已有问题的解决方法解决新的问题。	3.232	1.026	4

续 表

题项	平均值	标准差	排序
Q26我会同时拟定多种问题解决的策略，并且合理地进行决策。	3.035	1.031	19
Q27当成功解决某一数学问题之后，我可以将经验运用到解决生活中的实际问题上。	3.049	1.026	18
Q28我能够在实际操作中解决数学问题。	3.076	1.013	16
Q29问题解决的结果往往和我预想的结果很相似。	3.168	0.996	9
Q30当结果与预期不符时，我会分析并找出造成差异的原因。	3.225	1.030	5
Q31当结果与预期不符时，我能够思考在解决问题过程中的不足之处并总结可以改进的地方。	3.205	1.026	7
Q32在整理和解决数学问题过程中，对所获得的各种信息，能整理出结果，并做出合理的评价。	3.094	1.019	14

四、实验前后的对比分析

（一）实验前后数学问题解决能力的对比分析

表2-16是数学问题解决能力前后测的描述性分析，实验前随机选择77人进行实验，在进行数学写作训练后，其数学问题解决能力是否有提高。由表可知，数学问题解决能力前测的得分为2.816，数学问题解决能力后测得分为3.214，实验后的数学问题解决能力要高于实验前，但是否具有显著差异需要进行配对样本t检验，检验统计量为t统计量，若t统计量对应的P值小于0.05，说明具有显著差异，反之，不具有显著差异。

41

表2-16　数学问题解决能力前后测的描述性分析

前测与后测	平均值	人数/人	标准差
数学问题解决能力前测	2.816	77	0.800
数学问题解决能力后测	3.214	77	0.816

表2-17是配对样本t检验表，其t统计量的值为-3.313，对应的P值为0.001，小于0.05，说明进行数学写作训练后，学生的数学问题解决能力有显著提高，实验效果明显。

表2-17　配对样本t检验

数学问题解决能力前测-数学问题解决能力后测	配对差值					t	自由度	P
	平均值	标准差	标准误差平均值	差值的95%置信区间				
				下限	上限			
	-0.398	1.054	0.120	-0.637	-0.159	-3.313	76.000	0.001

（二）实验前和实验后数学问题解决能力各题项的对比分析

表2-18是实验前和实验后数学问题解决能力各题项的对比分析表，实验前后，被调查对象在Q13中具有显著差异（$t=-3.952$，$P<0.001$），实验前Q13的均值为2.468，实验后Q13的均值为3.140，实验后Q13的均值要显著大于实验前，说明进行数学写作培训后，学生会主动思考并积极发言。

表2-18　实验前后数学问题解决能力各题项的对比分析

题项	前后测	平均值	人数/人	标准差	配对差值	t	P
Q13在数学课堂中，当教师提问时，我会主动思考并积极发言。	前测	2.468	77	1.033	-0.675	-3.952	0
	后测	3.140	77	1.189	—	—	—
Q14在数学课堂中，当教师提问时，我能很快理解问题是什么。	前测	2.494	77	1.071	-0.727	-4.714	0
	后测	3.220	77	1.059	—	—	—
Q15在数学课堂中，当教师提问时，我能很快且较准确地表述问题的内容。	前测	2.364	77	0.902	-0.792	-5.611	0
	后测	3.160	77	0.947	—	—	—
Q16在数学课堂中，当教师提问时，我能很快明确解决问题所需要的知识。	前测	2.416	77	1.092	-0.740	-4.739	0
	后测	3.160	77	1.001	—	—	—
Q17在解决数学问题的时候，我会先理清解决该问题的思路，列出需要解决的复杂问题中的要点。	前测	2.909	77	1.066	-0.299	-1.903	0.061
	后测	3.210	77	0.951	—	—	—
Q18在数学课堂中，我总是能发现与解决问题有关的主要信息。	前测	2.935	77	0.978	-0.299	-2.051	0.044
	后测	3.230	77	0.999	—	—	—
Q19对于解决复杂的数学问题，我会将其拆分成几个简单的小问题逐步去解决。	前测	2.909	77	0.920	-0.377	-2.586	0.012
	后测	3.290	77	0.971	—	—	—

续 表

题项	前后测	平均值	人数/人	标准差	配对差值	t	P
Q20如果在解决问题过程中碰到困难，我会克服一切困难完成任务。	前测	2.935	77	0.978	−0.299	−1.973	0.052
	后测	3.230	77	0.985	—	—	—
Q21如果在解决问题的过程中碰到困难，我会考虑不同的方法解决同一数学问题，而不是一种特定的思维。	前测	2.805	77	1.014	−0.532	−3.670	0
	后测	3.340	77	0.995	—	—	—
Q22如果在解决问题的过程中碰到困难，我会积极主动地向教师提问。	前测	2.974	77	0.725	−0.299	−1.988	0.049
	后测	3.270	77	1.096	—	—	—
Q23如果在解决问题的过程中碰到困难，我会自己上网查资料，想通过个人的能力解决问题。	前测	2.922	77	0.984	−0.442	−2.974	0.004
	后测	3.360	77	0.945	—	—	—
Q24如果在解决问题的过程中碰到困难，我会通过与他人合作的方式来解决数学问题。	前测	3.000	77	0.960	−0.299	−1.877	0.064
	后测	3.300	77	1.089	—	—	—
Q25遇到数学问题时，我会联想到以前所解决过的与此类似的问题，并尝试用已有问题的解决方法解决新的问题。	前测	2.948	77	0.972	−0.364	−2.423	0.018
	后测	3.310	77	0.963	—	—	—
Q26我会同时拟定多种问题解决的策略，并且合理地进行决策。	前测	2.714	77	0.916	−0.325	−2.093	0.040
	后测	3.040	77	1.081	—	—	—

续　表

题项	前后测	平均值	人数/人	标准差	配对差值	t	P
Q27当成功解决某一数学问题之后，我可以将经验运用到解决生活中的实际问题上。	前测	2.870	77	0.848	−0.182	−1.424	0.159
	后测	3.050	77	0.944	—	—	—
Q28我能够在实际操作中解决数学问题。	前测	2.896	77	0.926	−0.221	−1.486	0.142
	后测	3.120	77	1.013	—	—	—
Q29问题解决的结果往往和我预想的很相似。	前测	2.831	77	0.923	−0.338	−2.272	0.026
	后测	3.170	77	0.951	—	—	—
Q30当结果与预期不符时，我会分析并找出造成差异的原因。	前测	3.000	77	1.039	−0.234	−1.481	0.143
	后测	3.230	77	1.037	—	—	—
Q31当结果与预期不符时，我能够思考在解决问题过程中的不足之处并总结可以改进的地方。	前测	2.987	77	0.980	−0.299	−1.930	0.057
	后测	3.290	77	0.958	—	—	—
Q32在整理和解决数学问题过程中，对获得的各种信息能整理出结果，并做出合理的评价。	前测	2.935	77	0.894	−0.221	−1.616	0.110
	后测	3.160	77	1.001	—	—	—

实验前后，被调查对象在Q14中具有显著差异（t=−4.714，P ＜0.001），实验前Q14的均值为2.494，实验后Q14的均值为3.220，实验后Q14的均值要显著大于实验前，说明在进行数学写作培训后，学生能更

快地理解问题。

实验前后，被调查对象在Q15中具有显著差异（t=-5.611，P < 0.001），实验前Q15的均值为2.364，实验后Q15的均值为3.160，实验后Q15的均值要显著大于实验前，说明在进行数学写作培训后，学生能更快且较准确地表述问题的内容。

实验前后，被调查对象在Q16中具有显著差异（t=-4.739，P < 0.001），实验前Q16的均值为2.416，实验后Q16的均值为3.160，实验后Q16的均值要显著大于实验前，说明在进行数学写作培训后，学生能更快明确解决问题所需要的知识。

实验前后，被调查对象在Q18中具有显著差异（t=-2.051，P < 0.05），实验前Q18的均值为2.935，实验后Q18的均值为3.230，实验后Q18的均值要显著大于实验前，说明在进行数学写作培训后，学生能更好发现与解决问题有关的主要信息。

实验前后，被调查对象在Q19中具有显著差异（t=-2.586，P < 0.05），实验前Q19的均值为2.909，实验后Q19的均值为3.290，实验后Q19的均值要显著大于实验前，说明在进行数学写作培训后，学生能更好将复杂的数学问题拆分成几个简单的小问题逐步去解决。

实验前后，被调查对象在Q21中具有显著差异（t=-3.670，P < 0.001），实验前Q21的均值为2.805，实验后Q21的均值为3.340，实验后Q21的均值要显著大于实验前，说明在进行数学写作培训后，学生在解决问题的过程中碰到困难，更会考虑不同的方法解决同一数学问题，而不是一种特定的思维。

实验前后，被调查对象在Q22中具有显著差异（t=-1.988，P < 0.05），实验前Q22的均值为2.974，实验后Q22的均值为3.270，实验后

Q22的均值要显著大于实验前，说明在进行数学写作培训后，学生在解决问题的过程中碰到困难，更会积极主动地向教师提问。

实验前后，被调查对象在Q23中具有显著差异（t=-2.974，P＜0.01），实验前Q23的均值为2.922，实验后Q23的均值为3.360，实验后Q23的均值要显著大于实验前，说明在进行数学写作培训后，学生在解决问题的过程中碰到困难，更会自己上网查资料，能通过个人的能力解决问题。

实验前后，被调查对象在Q25中具有显著差异（t=-2.423，P＜0.05），实验前Q25的均值为2.948，实验后Q25的均值为3.310，实验后Q25的均值要显著大于实验前，说明在进行数学写作培训后，学生在遇到数学问题时，更会联想到以前所解决过的与此类似的问题，并尝试用已有问题的解决方法解决新的问题。

实验前后，被调查对象在Q26中具有显著差异（t=-2.093，P＜0.05），实验前Q26的均值为2.714，实验后Q26的均值为3.040，实验后Q26的均值要显著大于实验前，说明在进行数学写作培训后，学生更会同时拟定多种问题解决的策略，并且合理地进行决策。

实验前后，被调查对象在Q29中具有显著差异（t=-2.272，P＜0.05），实验前Q29的均值为2.831，实验后Q29的均值为3.170，实验后Q29的均值要显著大于实验前，说明在进行数学写作培训后，问题解决的结果往往和学生预想的结果更相似。

附：

教师访谈：学生关于数学写作的现状

一、教师访谈提纲

（一）访谈目的

在素质教育背景下，社会对于人才的要求不断提高，对初中生的数学学科核心素养也要不断提高。对初中生数学问题解决能力的培养有利于学生更好地提出问题、分析问题以及创造性地解决问题，提高他们的核心素养。笔者设计了这一访谈提纲，希望通过访谈，与一线教师近距离接触，从而掌握初中生数学问题解决能力的现状。

（二）访谈对象

初中数学教师。

（三）访谈内容

1.您的学生在数学课堂上能否经常发现问题？

2.您的学生在数学课堂上能否大胆地提出自己发现的问题？

3.您的学生会如何分析数学问题？请举例说明。

4.您的学生会对问题解决的结果进行反思与评价吗？

5.您认为影响初中生数学问题解决能力的因素有哪些？

6.您认为应该如何培养初中生数学问题解决能力？

7.您了解微项目化学习活动吗？您对于利用微项目化学习活动培养初中生数学问题解决能力有什么看法？

二、学生访谈提纲

（一）访谈目的

笔者设计了这一访谈提纲，希望通过访谈，能与参与实验的学生近距离接触，从而掌握初中生数学问题解决能力的变化情况，侧面反映微项目化学习活动对学生的问题解决能力的提升作用情况。

（二）访谈对象

实验班学生。

（三）访谈内容

1.谈谈你对这次微项目化学习活动的看法？

2.你在这次微项目化学习活动中是否遇到困难？你是如何解决的？

3.解决问题之后，你会对问题解决的结果进行反思与评价吗？

4.通过这次微项目化学习活动，你有什么收获吗？你哪方面的能力获得了提升？

三、学生数学写作访谈提纲

1.你喜欢数学写作吗？为什么？

2.你认为数学写作对你数学学习有帮助吗？如果有帮助，具体体现在哪些方面？

3.你觉得数学写作是否有利于数学问题解决？具体有哪些优点和缺点？

4.你对开展数学写作促进数学问题解决的活动有什么建议？

关于数学写作的调查问卷

问卷1：对数学写作的认识情况

亲爱的同学们：

你们好！本次调查是为了了解各位同学对数学写作的认识情况，所得结果是为今后开展数学写作活动提供参考。采用匿名方式，不涉及个人隐私，不用担心此次调查会对你产生任何影响。希望你能认真、如实回答下列问题，答案写在括号内。谢谢你的支持！

1. 你的性别是（　　　）。

　　A. 男　　　　　　　　　　B. 女

2. 你是（　　　）年级的学生。

　　A. 七　　　　　　　　　　B. 八

　　C. 九

3. 你了解数学写作吗？（　　　）

　　A. 听说过　　　　　　　　B. 没听说过

　　C. 听说过但不了解

［注：数学写作是指学生将自己对数学知识（包括数学概念、定理、公式法则、技能技巧及思想方法）的阐述诠释、自己学习中遇到的疑惑、解题中的思考过程及方法规律、对所学知识自我总结反思、学习心得体会等通过文字的形式展示给教师。教师通过阅读学生的数学作文进行个性化的指导和评价，是教师与学生进行沟通交流的一种新方式。］

4. 在数学学习中，你是否有以文字的形式来阐述数学概念、定理、公式的习惯？（　　　）

　　A. 经常使用

　　B. 偶尔使用

　　C. 几乎不会使用

　　D. 从没有使用过，但见过别人会这样

5. 在数学问题解决过程中，你是否有以文字的形式来整理解题过

程，提炼解题方法的习惯？（　　　）

　　A. 经常使用

　　B. 偶尔使用

　　C. 几乎不会使用

　　D. 从没有使用过，但见过别人会这样

　6. 在数学学习过程中，你是否有以文字的形式记录学习心得和体验的习惯？（　　　）

　　A. 经常使用

　　B. 偶尔使用

　　C. 几乎不会使用

　　D. 从没有使用过，但见过别人会这样

　7. 你认为在数学学习时与教师进行交流重要吗？（　　　）

　　A. 非常重要

　　B. 一般重要

　　C. 视情况而定

　　D. 不重要

　8. 在数学学习过程中，你会主动与教师沟通交流吗？（　　　）

　　A. 经常与教师沟通

　　B. 偶尔与教师沟通

　　C. 几乎不会与教师沟通

　　D. 从不与教师沟通

　9. 在数学学习过程中，你与教师沟通交流的方式有（　　　）。（多选题）

　　A. 在课堂上回答问题

B. 课后面对面与教师交流

C. 打电话、发短信或微信等

D. 通过写作与教师交流

E. 几乎不交流

F. 其他

10. 你对数学写作是否感兴趣？（　　）

    A. 非常感兴趣　　　　　　B. 感兴趣

    C. 不太感兴趣　　　　　　D. 非常不感兴趣

11. 你认为数学写作是否有利于你的学习？（　　）

    A. 很有帮助　　　　　　　B. 有一定帮助

    C. 没多大帮助　　　　　　D. 毫无帮助

12. 若开展数学写作，你认为以写作的方式与教师沟通交流对你的数学学习有帮助吗？（　　）

    A. 很有帮助　　　　　　　B. 有一定帮助

    C. 没有帮助　　　　　　　D. 不知道

问卷2：数学问题解决能力

各位同学，大家好！

非常感谢你们填写本问卷。这是一份关于初中生数学问题解决能力的调查问卷，目的是为了了解目前初中生数学问题解决能力的现状，以便更好地提高数学教学水平。本次调查采取匿名方式，调查结果仅用于研究，答案没有对错之分，不会对同学们的成绩产生任何影响，请你根据实际情况如实填写，你的作答对本次结果至关重要，谢谢你的参与！

（以下选择题均为单选）

1. 在数学课堂中，当教师提问时，我会主动思考并积极发言。
（　　）

　　A. 非常不符合　　　　　　B. 基本不符合

　　C. 有时符合　　　　　　　D. 基本符合

　　E. 非常符合

2. 在数学课堂中，当教师提问时，我能很快理解问题是什么。
（　　）

　　A. 非常不符合　　　　　　B. 基本不符合

　　C. 有时符合　　　　　　　D. 基本符合

　　E. 非常符合

3. 在数学课堂中，当教师提问时，我能很快且较准确地表述问题的内容。（　　）

　　A. 非常不符合　　　　　　B. 基本不符合

　　C. 有时符合　　　　　　　D. 基本符合

　　E. 非常符合

4. 在数学课堂中，当教师提问时，我能很快明确解决问题所需要的知识。（　　）

　　A. 非常不符合　　　　　　B. 基本不符合

　　C. 有时符合　　　　　　　D. 基本符合

　　E. 非常符合

5. 在解决数学问题的时候，我会先理清解决该问题的思路，列出需要解决的复杂问题中的要点。（　　）

　　A. 非常不符合　　　　　　B. 基本不符合

　　C. 有时符合　　　　　　　D. 基本符合

E. 非常符合

6. 在数学课堂中，我总是能发现与解决问题有关的主要信息。
（　　）

  A. 非常不符合   B. 基本不符合

  C. 有时符合   D. 基本符合

  E. 非常符合

7. 对于解决复杂的数学问题，我会将其拆分成几个简单的小问题逐步去解决。（　　）

  A. 非常不符合   B. 基本不符合

  C. 有时符合   D. 基本符合

  E. 非常符合

8. 如果在解决问题的过程中碰到困难，我会克服一切困难完成任务。（　　）

  A. 非常不符合   B. 基本不符合

  C. 有时符合   D. 基本符合

  E. 非常符合

9. 如果在解决问题的过程中碰到困难，我会考虑不同的方法解决同一数学问题，而不是一种特定的思维。（　　）

  A. 非常不符合   B. 基本不符合

  C. 有时符合   D. 基本符合

  E. 非常符合

10. 如果在解决问题的过程中碰到困难，我会积极主动地向教师提问。（　　）

  A. 非常不符合   B. 基本不符合

C. 有时符合　　　　　　　D. 基本符合

E. 非常符合

11. 如果在解决问题的过程中碰到困难，我会自己上网查资料，想通过个人的能力解决问题。（　　　）

A. 非常不符合　　　　　　B. 基本不符合

C. 有时符合　　　　　　　D. 基本符合

E. 非常符合

12. 如果在解决问题的过程中碰到困难，我会通过与他人合作的方式来解决数学问题。（　　　）

A. 非常不符合　　　　　　B. 基本不符合

C. 有时符合　　　　　　　D. 基本符合

E. 非常符合

13. 遇到数学问题时，我会联想到以前所解决过的与此类似的问题，并尝试用已有问题的解决方法解决新问题。（　　　）

A. 非常不符合　　　　　　B. 基本不符合

C. 有时符合　　　　　　　D. 基本符合

E. 非常符合

14. 我会同时拟定多种问题解决的策略，并且合理地进行决策。（　　　）

A. 非常不符合　　　　　　B. 基本不符合

C. 有时符合　　　　　　　D. 基本符合

E. 非常符合

15. 当成功解决某一数学问题后，我可以将经验运用到解决生活中的实际问题上。（　　　）

A. 非常不符合　　　　　　　B. 基本不符合

C. 有时符合　　　　　　　　D. 基本符合

E. 非常符合

16. 我能够在实际操作中解决数学问题。（　　）

A. 非常不符合　　　　　　　B. 基本不符合

C. 有时符合　　　　　　　　D. 基本符合

E. 非常符合

17. 问题解决的结果往往和我预想的结果很相似。（　　）

A. 非常不符合　　　　　　　B. 基本不符合

C. 有时符合　　　　　　　　D. 基本符合

E. 非常符合

18. 当结果与预期不符时，我会分析并找出造成差异的原因。（　　）

A. 非常不符合　　　　　　　B. 基本不符合

C. 有时符合　　　　　　　　D. 基本符合

E. 非常符合

19. 当结果与预期不符时，我能够思考在解决问题过程中的不足之处并总结可以改进的地方。（　　）

A. 非常不符合　　　　　　　B. 基本不符合

C. 有时符合　　　　　　　　D. 基本符合

E. 非常符合

20. 在整理和解决数学问题过程中，对所获得的各种信息，能整理出结果，并做出合理的评价。（　　）

A. 非常不符合　　　　　　　B. 基本不符合

C.有时符合   D.基本符合

E.非常符合

问卷3：学生数学写作调查问卷（后测）

亲爱的同学们，你们好！

本问卷是为更好地了解大家的数学理解性学习情况，调查的结果仅供本人论文研究使用。问卷采取匿名方式，不涉及个人隐私，请你如实地填写，答案没有对错之分，你的认真回答对我的研究至关重要！谢谢你的合作！数学写作是指学生将自己对数学知识（包括数学概念、定理、公式法则、技能技巧及思想方法）的阐述诠释、自己学习中遇到的疑惑、解题中的思考过程及方法规律、对所学知识自我反思、学习心得体会等通过文字的形式展示给教师。教师通过阅读学生的教学作文进行个性化的指导和评价，是教师与学生进行沟通交流的一种新方式。

1. 你对数学写作是否感兴趣？（   ）

A.非常感兴趣   B.感兴趣

C.不太感兴趣   D.非常不感兴趣

2. 你认为数学写作是否有利于你的学习？（   ）

A.很有帮助   B.有一定帮助

C.没多大帮助   D.毫无帮助

3. 在数学学习过程中，你会通过数学写作来阐述数学概念、定理、公式法则或思想方法吗？（   ）

A.经常

B.偶尔

C.几乎不会

D. 从来没有，但见别人会这样

4. 解答完某一题后，你会通过数学写作来回顾题型、思考过程和总结解题的思想方法、解题规律吗？（　　　）

    A. 经常

    B. 偶尔

    C. 几乎不会

    D. 从来不会，但见别人会这样

5. 在数学学习过程中，你会通过数学写作记录学习经历和体验吗？（　　　）

    A. 经常

    B. 偶尔

    C. 几乎不会

    D. 从来不会，但见别人会这样

6. 你认为在数学学习时与教师进行交流重要吗？（　　　）

    A. 非常重要　　　　　　　B. 一般重要

    C. 视情况而定　　　　　　D. 不重要

7. 在数学学习过程中，你会主动与教师沟通交流吗？（　　　）

    A. 经常　　　　　　　　　B. 偶尔

    C. 几乎不会　　　　　　　D. 从不

8. 在数学学习过程中，你与数学教师交流的方式有（　　　）。（多选题）。

    A. 在课堂上回答问题

    B. 课后面对面与教师交流

    C. 打电话、发短信或微信等

D. 通过数学写作与教师交流

E. 几乎不交流

F. 其他_____

9. 你认为以写作的方式与教师沟通交流对你的数学学习有帮助吗?
(　　)

　A. 很有帮助

　B. 有一定帮助

　C. 作用不明显

　D. 一点帮助都没有

10. 在以后的学习中,你是否会运用数学写作来辅助学习?
(　　)

　　A. 经常使用

　　B. 偶尔使用

　　C. 从不使用

　　D. 看情况而定

11. 在数学写作中,你存在哪些困难? (　　　) (多选题)

　　A. 不知道写什么,该怎么写

　　B. 查阅资料匮乏

　　C. 体会不多,没有灵感

　　D. 太费时间,没有精力

　　E. 其他:_____

在课堂教学探究中
解决问题

第三章

初中数学写作的教学策略

初中数学写作教学模式的实践研究

　　数学课程需要培养学生的核心素养：会用数学的眼光观察现实世界，会用数学的思维思考现实世界，会用数学的语言表达现实世界。写作，不再是文科的专有作业，数学也可以让学生进行写作，学生可以先进行课前预习、课堂学习、课后作业三个学习阶段，然后进行数学写作，这是经历了数学观察、思考和表达的过程，培养学生核心素养的数学教学。

一、概念界定

　　数学写作作为一种新型的学习方式，操作性强，具有以下的基本类型及结构。

（一）数学写作的类型

　　根据数学写作的不同功能，将其分为以下类型：好题分享、错题分析、考后反思、课堂学习、思维导图、查找资料、调查报告、手抄报等。

（二）数学写作的结构

语文作文有开头、经过及结尾，与语文作文相类似，一篇完整的数学写作结构包括开场篇、正文篇、结束篇三部分。学生掌握好数学写作的结构，就容易下笔。

1. 开场篇

数学写作的开场篇是开始部分，主要是引入主题，提出问题。思维导图及手抄报不需要写开场篇。

2. 正文篇

数学写作的正文部分是主体，好题分享、错题分析、手抄报这些类型的数学写作的正文主要是呈现题目、分析题目、解答过程、运用数学思想方法、归因分析等。考后反思、课堂学习、思维导图的正文由学生围绕主题发挥。查找资料、调查报告的正文部分包括分析问题、解决问题。

3. 结束篇

数学写作的结束篇，回应总结归纳主题，展望与反思。思维导图及手抄报不需要结束篇。

二、初中数学写作的基本流程

一篇非命题数学写作的产生一般要经历以下四个流程：选好题目、罗列提纲、撰写初稿、修改润色。若是命题数学写作，则不需要选题目，直接进行罗列提纲、撰写初稿及修改润色即可；若是半命题数学写作，则需要补充或选好题目，接着是罗列提纲、撰写初稿及修改润色。

（一）选好题目

所谓"题好一半文"，题目就是文章的灵魂，题目确定了文章写什么、范围是什么。题目不妨在立足主题的基础上，增加一些有特色、吸引眼球或有学术味道的字眼，以提高读者的阅读兴致，吸引读者的眼球。

（二）罗列提纲

围绕题目用简短的文字高度概括论文的分论点，用提纲的形式搭起文章的框架。教师在刚开始教学生数学写作时，学生会很迷茫，不知道具体怎样写。为了解决这个的问题，教师不妨先用简短的文字即段落提纲做提示，如提示学生本文分为三段，第一段写引入的主题内容，第二段写具体内容，第三段怎样结尾等，这样帮助学生搭建脚手架，让学生有内容可写，引导学生做适当的展开，达到四两拨千斤的效果。

（三）撰写初稿

根据所列的提纲进行详细论述或描述，结合平时教师教的、学生目睹的及理解的，借用教师或同学的实例等材料转化为文字，把数学作文写完整。

（四）修改润色

为了提高文章的质量，确保文章的学术内容正确无歧义，增加文章的文采，表达清晰，需要对数学作文反复打磨。具体操作是在初稿的基础上，增加一些理论、名人名言、数据、采访资料等。此外，还要多阅读几遍已完成的初稿，注意检查是否有错别字、语句是否通顺、是否含有有争议性的观点、是否有政治敏感话题、是否有学术性的失误等，如发现必须修改，使之更加完善。

三、初中数学写作的教学模式

笔者以一次数学写作教学为例，探讨初中数学写作的教学模式。

（一）确定目标

1. 明确初中生进行数学写作的由来

根据《义务教育数学课程标准（2022年版）》的要求，以学生的发展为本，以核心素养为导向，落实"四基"，提高"四能"，让学生灵活运用运算符号、形式推理等数学方法，分析、解决数学问题和实际问题，会用数学语言表达现实生活，培养学生习惯用数学语言表达和交流。学生的数学学习深度不够，学习的随意性较大，缺乏数学学习的意志力。综上所述，立足数学教学，培养学生的数学写作能力，改变学生的学习方式及教师的评价方式，以提高数学教学的质量。

2. 明确学生数学写作的方法

学生在语文写作的基础上，学习数学写作的方法，明确数学写作的类型，按照数学写作的结构和数学写作的流程进行写作。

（二）范例引领

从收集的学生的数学作文中，择优收藏一些学生的佳作，作为范例，让学生齐读范例，对数学写作有一个总体的印象，建构数学写作的方法。这是一种借助范例的模仿性学习，根据最近发展理论，学生是可以通过模仿学习完成任务的，这增加了学生的学习成就感。

评一道数学题

晨 燕

宇宙之大，粒子之微。在我们的生活中无处不用数学，现在就由我来给大家评讲一道生活中常出现的题目吧！

$(a+b+3)(a+b-3)$

解：原式$=(a+b)^2-3^2=a^2+2ab+b^2-9$

我们首先把$(a+b)$看成一个整体，因为这道题里有两个$(a+b)$，

所以写成 $(a+b)^2$；其次把3和-3相乘，根据异号得负，算出 $3\times(-3)=-9$；再次用完全平方和公式——$(a+b)^2=a^2+2ab+b^2$ 算出结果，得出答案 $a^2+2ab+b^2-9$。

数学，就像沙漠里的泉水，当你走在广袤的知识沙漠口干舌燥时，一泓清泉出现在眼前。是它让你有了前进的动力；是它把你带出了这广袤的沙漠；是它让你认识到学习的乐趣。它是数学，我最喜欢的学科。请记住，放弃数学，放弃学习的人，是永远不可能走出沙漠的。

（三）分步教授

经过小学的学习，学生已有写450字作文的能力，学生已掌握写记叙文的方法，在此基础上，只要掌握了数学写作的方法，学生进行数学写作就比较容易。在课堂上开展数学写作教学，首先，让学生读优秀作品，对数学写作有总体的了解；其次，可以把同一篇优秀数学作文拆分为开场篇、正文篇和结束篇逐一进行讲授，明确三个篇章的功能，鼓励学生对篇章的功能开展描述；最后，让学生实践数学写作和修改。

1. 开场篇（引入主题）

钰：数学在我们的生活中非常重要，无处不在，用我们现在所学的数学知识可以解决很多问题。

红：我相信本周很多同学在学习数学知识的时候都有自己喜欢的数学题。我也不例外，这周我喜欢的数学题有很多，其中有一道题很有意思，是我最喜欢的。

2. 正文篇（题目、分析、解答过程、解题的技巧等，或描述主题）

怡：我们先来认识一下平方差公式：$(a+b)(a-b)=a^2-b^2$，这两数的和与这两数的差的积等于它们的平方差。这个很简单，让我们来做一道题：$(5+6x)(5-6x)$。我们运用公式就很简单，把5看成 a，把 $6x$

看成b，就可以得出$5^2-(6x)^2$，现在还不是最简，要化到最简，可得出最后答案为$25-36x^2$。你们学会了吗？

燕：师生共100人去植树，教师每人栽2棵，学生平均每2人栽1棵，一共栽了110棵，问教师和学生各多少人？

解题思路："师生共100人去植树"，从这句话中可以看出，教师加学生等于100人。教师每人栽2棵，说明一名教师栽2棵树，假设教师有x人，那么共栽树$2x$棵，学生平均每2人栽1棵树，说明1棵树需要2名学生共同栽种，如果有x名教师，一共100人，那么，学生人数可设为$(100-x)$人，学生栽了$\dfrac{1}{2}(100-x)$棵树，可得出：教师栽树的数量与学生栽树的数量之和等于110棵。先算出教师的人数，再把教师的人数代进$(100-x)$就可以得出学生人数了。

解：设有x名教师，则有$(100-x)$名学生。

$$2x+\dfrac{1}{2}(100-x)=110$$

$$2x+50-\dfrac{1}{2}x=110$$

$$2x-\dfrac{1}{2}x=110-50$$

$$\dfrac{3}{2}x=60$$

$$x=40$$

学生：$100-40=60$（人）。

答：教师有40人，学生有60人。

3. 结束篇（总结或回应主题、展望未来等）

涵：这节课数学老师讲得很精彩，我听得很认真，虽然有时候会被一些小细节打败，但是数学老师说过："只要我们一步一步认真地算，就不会被粗心打败。"所以，我以后要认真做好每一道题，争取战胜每一道题！

（四）限时训练

有了一系列的铺垫教学后，让学生进行现场限时15分钟的数学写作，不限写作类型。教师在这个时候巡视学生，及时回答个别学生提出的问题，鼓励无从下手的学生开始写作，及时督促学生完成数学写作，及时监控写得短少的学生继续多写，及时掌握学生数学写作的进程，为后续的教学环节打下基础。

（五）写作反馈

限时15分钟现场作文结束后，为了让更多的学生掌握数学写作的方法，教师可以邀请一名学生上台读出他的作品。例如某学生的是"对期中考试的反思"，他铿锵有力、激动人心的朗读把数学写作课堂推上了一个高潮。接着教师可以投影几篇写得比较好的学生的作品，引导其他学生积极参与写作。课后，教师还要对每一个学生的数学作业进行点评，指出优点，提出有待修改的意见，从而提高学生的数学写作水平，同时实现了个性化的指导。

四、对初中数学写作的教学反思

在数学写作课堂中，笔者采访了一些学生，得知学生的数学写作时间由原来的60分钟提速为30分钟，通过继续学习，掌握15分钟就可完成一篇数学写作的技巧，是学生继续进行数学写作的动力。笔者让学生每周一练，审时度势，变换主题，不断提升数学写作水平，促进学生数学学习，落实核心素养教学。

（一）激发学生写作的主动性和创造性

数学写作是一种新型的学习方式和作业形式，学生进行数学写作，可以增强写作的主动性和创造性。学生根据教师指定的写作题目，自行寻找写作素材、完成写作。学生可以通过摘录课本或练习册中的知识点、上网收集材料等方式，组织成一篇完整的作品。这一系列的过程就是培养学生主动性和创造性的过程。

（二）数学写作融入课堂教学

为了把数学写作的功能发挥到极致，在日常数学教学中，教师不仅可以将其作为创新的周末作业和评价方式，还可以将其融入课堂教学中，充分调动学生的学习主动性，提高课堂教学效率。

例如：笔者在讲授"平方差公式"这一节课时，将前置作业设计为数学写作的形式，鼓励学生通过预设的任务单进行自主预习及探究，这样做既调动了学生的学习积极性，又节省了课堂探究的时间，学生通过数学写作预习，得知平方差公式是如何推导、怎样使用的，提高了教学效率。

"平方差公式"前置作业：计算下列各题，并回答问题。

（1）$(x+3)(x-3)=$ _____

_____

（2）$(1+a)(1-a)=$ _____

_____

（3）$(2x-y)(2x+y)=$ _____

_____

（4）$(2y+z)(2y-z) =$ _____

_____

（5）请用自己的话描述等号左、右两边算式的特点。

_____

_____

（6）请自主推导证明过程。

_____

_____

（三）把数学写作融入实际问题的解决中

数学写作是一种学习方式，把它融入实际问题的解决中也是一种很好的学习途径，能够调动学生的学习积极性和提高学生的问题解决能力。例如，想让学生复习一下已学的知识，就要求学生做思维导图，高度概括所学的知识点；想让学生参与整个调查过程并记录下来形成文字，就让学生做调查报告；想让学生做一些收集信息的事情并形成文字，就让学生做信息采集等；学生刚参加完比较大型的考试后，因势利导让学生进行合理的自我反思；想让学生解决与实际生活相关的问题，就要求学生发挥自己的能动性进行思考并形成文字。

数学写作是一种新型的学习方式，适合应用在课堂教学内以及课堂教学外，通过让学生确定写作教学的目标、参考教学范例、采用数学写作策略、现场写作、对照同学的佳作、自主完善等方法，提高学生数学学习的积极性及交流的能力。此外，学生进行数学写作，教师批改数学作文，真正落实了"教—学—评"的一致性，把教学内容延伸到教师做个性化指导的评价中，实现教学相长。

以图促讲，提高学生问题解决能力

数学是一门逻辑性强、抽象性强的学科，在教育教学中，经常会遇到不善于思考的学生，如何帮助学生提高思维能力呢？根据多元智能理论，这实际上就是要提高学生的问题解决能力，这也成为教师要思考的核心问题，将此归结为教师如何更好地给学生讲题，本文提出利用"图式法"进行数学讲题。

一、"图式法"的概念

"图式法"，指一种用来组织、描述和解释经验的概念网络和命题网络的方法。每个人都在自觉或不自觉地利用"图式法"认识和解释客观世界。例如：当我们谈起医院，就会想到医生、病床、打针、吃药等等，这是头脑中有关医院的"图式"发生了作用。

激活"图式"知识，有利于提高解决问题的效率。直观的"图式法"教学有利于培养学生的逻辑数学能力，这也是一种教学途径。

二、"图式法"在数学讲题中的应用

为了更好地助力教师讲题的直观性，笔者在前人的基础上，结合教学实践，分解所求问题，化难为易，提出"图式法"讲题的方法。"图式"包括简短的文字、流程图、树形图等，适用于应用题、函数题、证明题等的讲解。

（一）应用题

初中阶段的应用题有方程应用题、不等式应用题、函数应用题。很多学生对应用题有严重的畏难心理，这源于在小学时对应用题的懵懂，不懂得灵活运用相关知识进行解题。经多次跟踪学生具体解应用题，我发现学生不能根据题意列等价关系，缺少建模能力，可采用"图式法"突破列方程难关，具体是：根据题意画出列等价关系的语句，用简短的文字关系表示，再结合用数字、未知数、数学公式翻译图式，最后获解。

例1：学校准备购进一批网球架和网球拍，已知1个网球架的售价和3把网球拍的售价一样，5个网球架和5把网球拍共需1000元。

（1）求一个网球架和一把网球拍的售价各是多少元。

（2）学校准备购进这样的网球架和网球拍共500个，并且网球拍的数量不超过网球架数量的2倍，请设计出最省钱的购买方案，并求出最少的总费用是多少。

分析：（1）中根据题意可以列为：1个网球架的售价=3把网球拍的售价，5个网球架总价+5把网球拍总价=1000。

（2）总费用=网球架的费用+网球拍的费用。

解：（1）设一个网球架售价是x元，一把网球拍售价是y元。

$$\begin{cases} x = 3y \\ 5x + 5y = 1000 \end{cases} \text{解得} \begin{cases} x = 150 \\ y = 50 \end{cases}$$

（2）设购买a个网球架，则购买（$500-a$）把网球拍，设总费用为w元。

$w=150a+50（500-a）=100a+25000$

由网球拍的数量不超过网球架数量的2倍，可得

$500-a\leqslant2a$，

解得$a\geqslant166\dfrac{2}{3}$，则$a$最小为167，网球架167个，网球拍500-

167=333把。

当$a=167$时，$w=100\times167+25000=41700$

答：（1）一个网球架是150元，一把网球拍是50元。

（2）167个网球架，333把网球拍，最少的总费用是41700元。

例2：近年来雾霾天气给人们的生活带来很大影响，空气质量问题备受关注，某单位计划在室内安装空气净化装置，需购进A，B两种设备，每台B种设备价格比每台A种设备价格多0.7万元，花3万元购买A种设备和花7.2万元购买B种设备的数量相同。

（1）求A、B种设备每台各多少万元？

（2）根据单位实际情况，需购进A、B两种设备共20台，总费用不高于15万元，求A种设备至少要购买多少台？

分析：第（1）题由于求两个量，学生很容易由"思维定势"列出二元一次方程组，根据题意用"图式"列式为：3万元买A的数量=7.2万元买B的数量，数量=$\dfrac{总价}{单价}$，第（2）题总价=单价×数量，即：A总价+B总价≤15万元。

解：（1）设A种设备每台为x万元，则每台B种设备（$x+0.7$）万元，

$\dfrac{3}{x}=\dfrac{7.2}{x+0.7}$

解得$x=0.5$,

经检验后，$x=0.5$是原方程的解，

每台B的价格：$0.5+0.7=1.2$万元。

（2）设购买a台A种设备，则购买（$20-a$）台B种设备，

$0.5a+1.2（20-a）\leqslant 15$

$a \geqslant 12\dfrac{6}{7}$

因为a为正整数，

所以a最少应取13。

答：（1）每台A种设备为0.5万元，每台B种设备为1.2万元；

（2）A种设备至少要购买13台。

从上述两例可见，解不同类型的方程应用题，需要认真审题，根据题意找等价关系的语句，用"图式"表示，再结合未知数、已知条件及相关公式翻译、求解。此时的"图式"在解题中帮助学生准确建模，直观明了，有力地帮助学生提高了逻辑数学能力。

（二）几何证明题

几何证明题要求学生拥有比较强的逻辑思维和综合运用的能力，所涉及的知识点及解法比较广泛。根据学生反映的情况，做几何证明题有的一看就想不到，有的是想到但不会写，归因学生没有解题思路，不会灵活运用知识进行求证。本文提出"图式法"突围学生解题困区，形象直观地帮助学生理顺解题思路。

例3：如图3-1所示，在$\triangle ABC$中，$AB=AC$，点D在AC上，且$BD=BC=AD$。求$\triangle ABC$各角的度数。

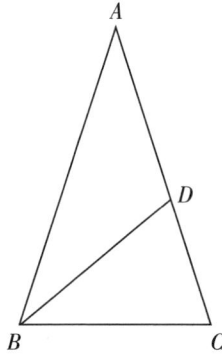

图3-1　例3图

分析：

$$AB=AC$$

$$\downarrow$$

$\angle A$　　　　　　　$\angle ABC=\angle C$　　　　　　$BD=BC=AD$

$\downarrow$　　　　　　　　　　　　　　　　　　　　　$\downarrow$

x　　　　　　　　　　　　　　　　　$\angle BDC=\angle C=\angle ABC=2x$

$x+2x+2x=180°$　解得$x=36°$

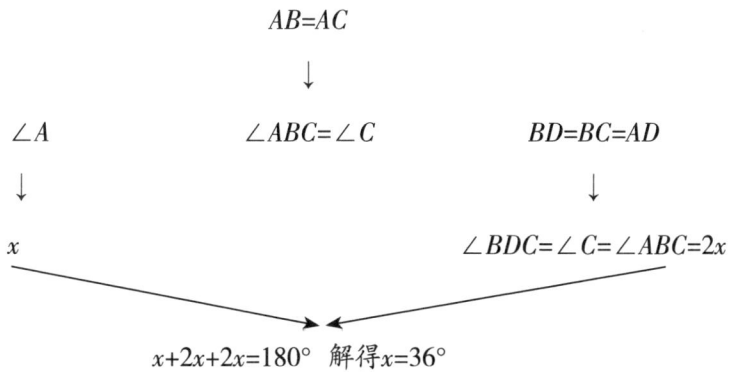

解：∵$AB=AC$，$BD=BC=AD$，

　　∴$\angle ABC=\angle C=\angle BDC$，$\angle A=\angle ABD$（等边对等角）.

　　设$\angle A=x$，则$\angle BDC=\angle A+\angle ABD=2x$，

　　$\angle ABC=\angle C=\angle BDC=2x.$

　　在△ABC中，有$\angle A+\angle ABC+\angle C=x+2x+2x=180°$，

　　解得$x=36°$，

　　∴在△ABC中，$\angle A=36°$，$\angle ABC=\angle C=72°$。

用"图式法"进行分解求证问题展开证明，思路清晰，增加求证的方向感，有利于提高学生的逻辑数理能力。

（三）函数题

初中阶段，学生已学的函数有一次函数、反比例函数及二次函数，用直接法解有关函数问题，还是比较容易的，学生难以接受不能用直接法求解的函数问题，此时用"图式法"可以帮助师生突破函数问题。

例4：如图3-2所示，在平面直角坐标系中，一次函数$y_1=ax+b$（$a\neq0$）的图像与反比例函数$y_2=\dfrac{k}{x}$（$k\neq0$）的图像交于第二、四象限内的A、B两点，与y轴交于C点，过点A作$AH\perp y$轴，垂足为H，$OH=3$，$\tan\angle AOH=\dfrac{4}{3}$，点$B$的坐标为（$m$，$-2$）。

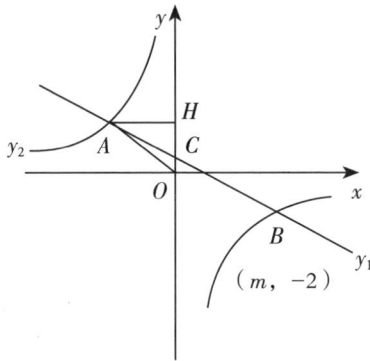

图3-2　例4图

（1）求△AHO的周长。

（2）求反比例函数y_2和一次函数y_1的解析式。

分析：

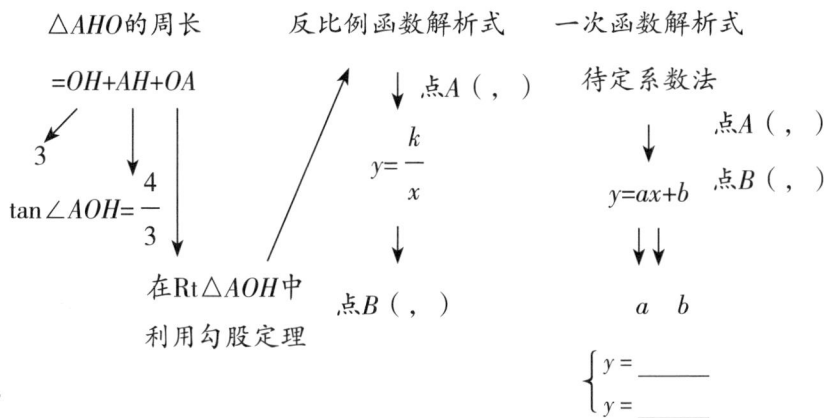

解：（1）在Rt△AOH中

∵ $\tan\angle AOH=\dfrac{4}{3}$　OH=3

∴AH=4

由勾股定理得OA=5

∴△AHO的周长：OA+AH+OH=5+4+3=12

（2）由（1）得A（−4，3）

把点A（−4，3）代入 $y=\dfrac{k}{x}$　得k=−12

∴反比例函数解析式为：$y=-\dfrac{12}{x}$

把点B（m，−2）代入 $y=-\dfrac{12}{x}$　得m=6

∴点B（6，−2）

设一次函数解析式为：$y=ax+b$

把点A（-4，3）、点B（6，-2）代入上式得 $\begin{cases} -4a+b=3 \\ 6a+b=-2 \end{cases}$

解得 $\begin{cases} a=-\dfrac{1}{2} \\ b=1 \end{cases}$

$\therefore$ 一次函数解析式为：$y=-\dfrac{1}{2}x+1$

用"图式化"建构题目的求证，分解每一题，细化每一步骤，直观明了的方式利于学生有思路可循，化难为易，提高解题的正确率，提高学生的逻辑数学能力。

（四）概率题

概率题中的树形图是一种典型的图式，根据题意，区分"放回"和"不放回"的类型，明确"次数"，从而画树形图求概率，以此提高学生的逻辑数学能力。

三、图式的形成

西蒙（SimonH. A.）在《人类的认知——思维的信息加工理论》文中提出，形成问题"图式"需要在具体问题解决的过程中通过排除、概括和建构从关注问题表层转向深层。

可见，"图式"的形成是主体主动地认知建构过程，在理解的基础上形成图式才不容易遗忘并利于迁移。

在个体主动建构过程中，教师在解题中高度归纳和提炼，向学生指明"如何根据题意建构"，让学生先尝试，再修改，后确定，不断形成建构能力，不断积累与探索，化抽象为直观，为解决问题做出至关重要的审题分析。

四、意义

喻平教师在《个体CPFS结构与数学问题表征的相关性研究》一文中提出，李晓东等人以40名小学三年级学生为试验对象，分析了学有余力的学生与其他学生解决比较问题的差异。

结果表明：显著的差异与其解题时所运用的表征策略有关，大大提高了学生的逻辑思维能力，由此说明，在问题中采用直观的"图式法"，有效地优化了学生的表征策略，实现了"教师教是为了不教"的目标，传承建构主义，让每个学生在原有的基础上不断进步和获得自信。笔者在数学讲题中，采用"图式法"讲解，缓解了学生学习中等题的困难度，有图可依，增强了学生迎难而上的解题干劲，促进学生提升解题能力，提高了学生的逻辑数学能力。

江春莲在《数学问题解决——中新两国学生解决速度》一书中提出"图式"知识对数学问题解决很重要的观点，一个好的问题解决者一定有一个依据数学结构建构的问题图式系统。

画图和文字转化成数学等式的训练效果最好，本文提出"图式法"进行数学讲题，帮助一线教师更形象直观讲解数学题，也提高了学生的逻辑数学能力，符合学生的终生发展的需要。

笔者推荐"图式法"讲题，以"图"促"讲"，突破讲解的重难点，形象直观，有力帮助学生接受教师讲题中传递的解题技巧，为培养学生的问题解决能力起到很好的作用。学生越拥有丰富的逻辑数学知识，越能拥有解决问题的能力，这是我们的希望，也是社会的期待。

一题多解提高学生的问题解决能力

　　有研究表明：学生的数学素养高，在解答常规问题上具有明显的优势，但是在解决应用题、开放性问题上则相对较弱，这说明学生的发散思维和创新意识有待加强。在数学问题解决中，主要有三种变式：一题多解、一题多变、一法多用。一题多解在教学中比较常见，它填补了学生发散思维和创新能力的缺失，促进学生较好的发展。问题解决是思维的一般形式，是一系列的"有目的"指向性的认知操作活动过程。逻辑数理能力指通过数理运算和逻辑推理等进行思维的能力。一题多解指用不同的方法和知识去解答问题，让学生体验不同方法、知识间的相互联系。根据既定原则和要求，利用已知条件，寻求多种解决问题的办法。这是一种发散思维与聚合思维相结合的问题解决方法。这样做，既可达到解决问题的目的，又可培养思维的灵活性和变通性，从而达到熟练应用所掌握的知识。本文以一题多解为例，对问题解决提高学生的逻辑数理能力做相关研究。

一、一题多解的思考方向

　　一题多解策略主要体现在问题思考板块和例题练习板块，根据板块内容，实施一题多解的思考方向可分为：应用不同的概念知识、不同的运算方法、不同的数学方法、不同的数学思想和挖掘不同的问题隐含条件。

（一）不同的概念知识

根据不同的概念知识进行一题多解，具体表现为应用不同的数学公式、法则、定理定义进行解题，在解题中要求学生熟悉已学的数学公式、法则、定理定义等，便能灵活驾驭知识组建解题思路。

例1： 化简下列各数。

（1）$-[-(+5)]$

解法1：原式$=-(-5)=5$

解法2：原式$=+(+5)=5$

解法3：原式$=5$

（2）$-[-(-4)]$

解法1：原式$=-(+4)=-4$

解法2：原式$=+(-4)=-4$

解法3：原式$=-4$

分析： 第（1）题，解法1是利用符号法则从里向外去括号，先算$-(+5)=-5$，后算$-(-5)=5$；解法2是利用符号法则由外向里去括号，先由"负负得正"得出$+(+5)=5$，再算$+(+5)=5$；解法3是根据"有偶数个负号为正"得出原式$=5$。第（2）题解法3是根据"有奇数个负号为负"得出结果，三种方法相比，解法3较为简便。

（二）不同的运算方法

不同的运算方法在运算过程中很常见，突出了运算的灵活性，运算技巧与逻辑思维有关系，以下举例说明。

1. Mayer介绍孩童计算的方法

例2：3+5

（1）用手指头数数，孩子先数出3个手指头，再数出5个手指头，最后把所有的手指头数一遍，得出结果8。

（2）从第一个数开始往上数，孩子先摆出3，再往上数5个数4，5，6，7，8，得出结果8。

（3）从较大的数开始往上数，因为孩子发现3+5和5+3是一样的，所以先摆出较大的数5，再往上数3个数6，7，8，得出结果8。

（4）利用已经知道结果的算式，孩子已经知道了4+4=8，可利用它来计算5+3，因为5比4多1，但3比4少1，刚好抵消，所以得出结果5+3=8。

（5）回忆知道的口诀，通过回忆5+3=8直接说出结果。

2. 解方程

例3：$\dfrac{x}{2}=\dfrac{x-2}{5}$

解法1：方程两边同时乘以10得，

$$10\times\dfrac{x}{2}=10\times\dfrac{x-2}{5}$$

$$5x=2（x-2）$$

$$5x=2x-4$$

$$5x-2x=-4$$

$$3x=-4$$

$$x=-\dfrac{4}{3}$$

解法2：$5x=2（x-2）$

$$5x=2x-4$$

$$5x-2x=-4$$

$$3x=-4$$

$$x=-\frac{4}{3}$$

分析：解法1采用去分母、去括号、移项、合并同类项、系数化为1等方法，解法2是利用"交叉相乘积相等"的原理去掉了分母，明显解法2比解法1简便，但也有它的局限性，类似方程$\frac{x}{2}=\frac{x-2}{5}+1$这样的形式就不适宜直接用解法2，而是需要把原方程变形为$\frac{x}{2}=\frac{x-2+5}{5}$即：$\frac{x}{2}=\frac{x+3}{5}$才可直接利用解法2算出结果，这个方程还可以直接用解法1计算。此外，$\frac{x}{2}=\frac{x-2}{5}-x$直接用解法1计算。解法1是去分母解方程的通用方法，而存在解法局限性的解法2是利用题目的特点进行"交叉相乘"。

（三）不同的数学方法

在解题时运用待定系数法、换元法、数学归纳法、反证法、配方法等不同的数学方法。

例4：如图3-3所示，由8块相同的小长方形地砖拼成一个大长方形。求每块小长方形地砖的面积。

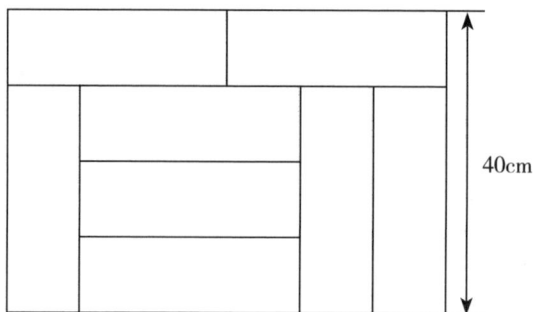

图3-3 例4图

解法1：

宽：$40 \div 4 = 10$ cm，长：$40 - 10 = 30$ cm，

面积：$10 \times 30 = 300$ cm^2。

答：每块小长方形地砖的面积是300 cm^2。

解法2：

设每个小长方形的长为 x cm，宽为 y cm。

$$\begin{cases} 2x = x + 3y \\ x + y = 40 \end{cases} \xrightarrow{\text{解得}} \begin{cases} x = 30 \\ y = 10 \end{cases}$$

面积：$10 \times 30 = 300$ cm^2。

答：每块小长方形地砖的面积是300 cm^2。

解法3：

设每个小长方形的长为 x cm，则宽为（$40-x$）cm。

$2x = 3（40-x）+ x$，

解得：$x = 30$，

宽：$40 - 30 = 10$cm，面积：$10 \times 30 = 300$ cm^2。

答：每块小长方形地砖的面积是300 cm^2。

（四）不同的数学思想

在解题时运用数形结合、函数与方程思想、逻辑划分（讨论）和等价转化等不同的数学思想。

例5：计算247+335

在解答过程中充分发挥学生的探究精神，鼓励学生使用一题多解法，解题方法主要分为：数轴计算、横式计算、竖式计算和凑整巧算。

（1）数轴计算：图3-4～图3-6为数轴运算图。

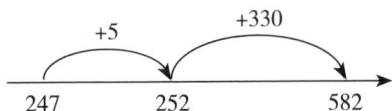

图3-4 数轴运算图1

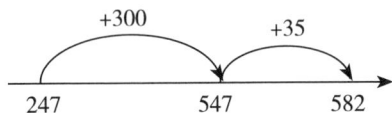

图3-5 数轴运算图2

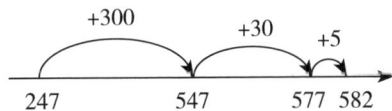

图3-6 数轴运算图3

（2）横式计算：图3-7、图3-8为横式运算图。

图3-7 横式运算图1　　图3-8 横式运算图2

（3）竖式计算：图3-9为竖式运算图。

$$
\begin{array}{r}
2\,4\,7 \\
+\,3\,3\,5 \\
\hline
5\,8\,2
\end{array}
$$

图3-9　竖式运算图

（4）凑整巧算：图3-10为凑整巧算图，位置原理计算见表3-1。

```
247+335
+3↓    ↓-3
250+332=582
```

图3-10　凑整巧算图

表3-1　位置原理计算

百	十	个
★★	★★★★	★★★★★★★
★★★	★★★	★★★★★
★★★★★	★★★★★★★★★	★★

（五）不同的解题方法

解题时根据题意选择不同条件、造就不同解题途径而产生不同的解题方法。

例6：某企业为严重缺水的甲、乙两所学校捐赠矿泉水共2000件，已知捐给甲校的矿泉水件数比捐给乙校件数的2倍少400件，求该企业捐给甲、乙两所学校的矿泉水各多少件？

解法1：

设捐给乙校x件，则捐（$2x-400$）件给甲校。

$x+2x-400=2000$

解得：$x=800$

甲：$2 \times 800-400=1200$（元）

答：该企业捐给甲校1200件，捐给乙校800件。

解法2：

设捐给乙校y件，则捐（$2000-y$）件给甲校。

$2000-y=2y-400$

解得：$y=800$

甲：$2 \times 800-400=1200$（元）

答：该企业捐给甲校1200件，捐给乙校800件。

分析： 已知条件有两个，一个是甲乙共2000件，另一个是甲比乙的2倍少400件，解法1是利用第二个已知条件设未知数，利用第一个已知条件列方程式，而解法2与解法1相反，这就是成为不同解法的原因。

一题多解是常见的话题，在"增效减负"的教育环境下，教师在课堂40分钟争分夺秒地传授数学知识，引领学生通过模仿练习、机械练习、小组合作学习等方式来提高学生的解题效率，但忽视培养学生的创新精神，学生对熟悉的题能答得很好，对陌生的题解答得却不尽人意。通过一题多解的教学，改变纯粹的模仿和机械练习，提高学生的问题解决能力。

二、实施一题多解的途径

（一）重视数学概念、定理、法则等的知识传授

一题多解指从不同知识、不同角度解决数学问题，前提是重视数学概念、定理、法则等知识的传授，在教学中重视知识的生成过程，有利

于学生更好地掌握所授内容以及建立合理的知识网络，学生只有积累丰富的知识，才能灵活运用不同的方法进行解题。

例如，学生较难理解乘方的符号规律：负数的奇次幂是负数，负数的偶次幂是正数。很多情况下教师是让学生根据给定的几个负数的乘方进行找规律得出这个结论，或是让学生把它当公式那样死记硬背后直接"套公式"，甚至是让学生直接按计算器得结果，这让学生遇到这样的题只知其然而不知所以然。可以教学生利用若干个同号得正，负号得负的原理理解。

（二）重视变式教学

在课改理念之下，教师是主导，学生是主体，教师在课堂上重视为学生铺设一题多解之路，做好示范，通过提问"你还有其他的方法吗？""这些方法哪种方法比较简便？"进行变式教学，提高学生的解题变通性。

例7：如图3-11所示，已知一个四边形$ABCD$各边上任取一点分别是点E、点F、点G和点H，并依次连接这四点得到四边形$EFGH$，比较四边形$ABCD$与四边形$EFGH$的周长大小，请说明理由。

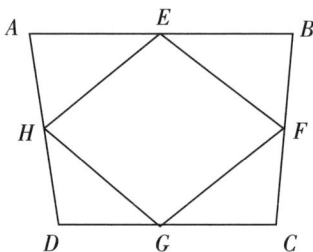

图3-11　例7图

解法1：

如图3-12所示，在△AHE中，由三角形的三边关系得：$AH+AE >$ EH①，

同理得：$BE+BF > EF$②，$CF+CG > FG$③，$DH+DG > GH$④，

①＋②＋③＋④得：$AH+AE+BE+BF+CF+CG+DH+DG >$ $EH+EF+FG+GH$。

整理得$AB+BC+CD+AD > HE+EF+FG+GH$，

∴四边形$ABCD$的周长比四边形$EFGH$的周长长。

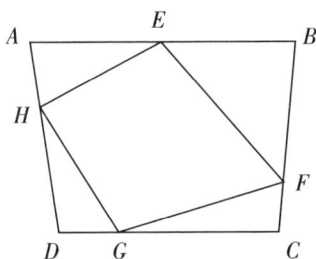

图3-12　例7解法1

解法2：

在△AHE中，利用两点之间线段最短，得$AH+AE > EH$①，

同理得：$BE+BF > EF$②，$CF+CG > FG$③，$DH+DG > GH$④，

①＋②＋③＋④得：$AH+AE+BE+BF+CF+CG+DH+DG >$ $EH+EF+FG+GH$。

整理得$AB+BC+CD+AD > GE+EF+FH+GH$，

即：四边形$ABCD$的周长比四边形$EFGH$的周长长。

变式1：

如图3-13所示，在四边形$ABCD$各边上任取两点并依次连接这八个点得到的八边形$EFGHIJKL$，比较四边形$ABCD$与八边形$EFGHIJKL$的周

长大小，并说明理由。

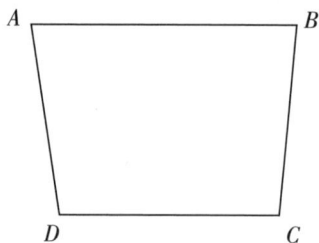

图3-13　变式1

解法1：

如图3-14所示，在△AEL中，由三角形的三边关系得：$AE+AL > EL$①，

同理得：$BF+BG > FG$②，$HC+IC > HI$③，$DK+DJ > KJ$④，

①+②+③+④得：$AE+BF+BG+HC+IC+DJ+DK+AL > EL+FG+HI+KJ$。

上述式子左右两边加上$EF+GH+JI+LK$得：

$AE+BF+BG+HC+IC+DJ+DK+AL+EF+GH+JI+LK > EL+FG+HI+KJ+EF+GH+JI+LK$，

整理得：四边形ABCD的周长 > 八边形EFGHIJKL的周长。

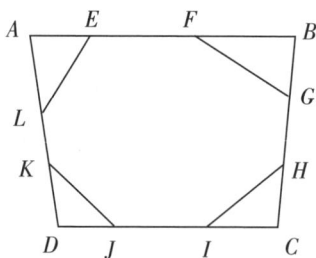

图3-14　变式1解法1

解法2：

在△AEL中，由两点之间线段最短得：$AE+AL > EL$①，

同理得：$BF+BG > FG$②，$HC+IC > HI$③，$DK+DJ > KJ$④，

①+②+③+④得：

$AE+BF+BG+HC+IC+DK+DJ+AL > EL+FG+HI+KJ$。

上述式子左右两边同时加上$EF+GH+JI+LK$得：

$AE+BF+BG+HC+IC+DK+DJ+AL+EF+GH+JI+LK > EL+FG+HI+KJ+$

$EF+GH+JI+LK$，

整理得：四边形$ABCD$的周长 > 八边形$EFGHIJKL$的周长。

变式2：

点O是四边形$ABCD$内部的任意一点（不与点A，点B，点C，点D重合），连接AO，BO，CO，DO。

证明：$AO+BO+CO+DO > \dfrac{1}{2}(AB+BC+CD+AD)$。

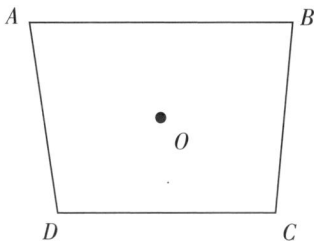

图3-15　变式2

解法1：

在△AOB中，由三角形的三边关系得：$AO+BO > AB$①，

同理得：$BO+CO > BC$②，$CO+DO > CD$③，$AO+DO > AD$④，

①+②+③+④得：$2AO+2BO+2CO+2DO > AB+BC+CD+AD$⑤，

⑤式两边同时除以2得：$AO+BO+CO+DO>\dfrac{1}{2}$（$AB+BC+CD+AD$）。

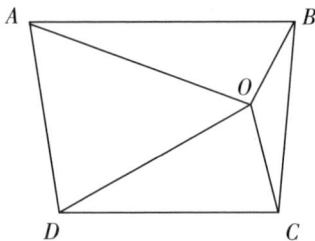

图3-16　变式2解法1

解法2：

在△AOB中，由两点之间线段最短得：$AO+BO>AB$①，

同理得：$BO+CO>BC$②，$CO+DO>CD$③，$AO+DO>AD$④，

①+②+③+④得：$2AO+2BO+2CO+2DO>AB+BC+CD+AD$⑤，

⑤式两边同时除以2得：$AO+BO+CO+DO>\dfrac{1}{2}$（$AB+BC+CD+AD$）。

（三）重视审题习惯

学生解决问题的成败在于审题能力的高低，题目就是"让"学生怎样审题，只有学生审题准确，才会有解题的思路，才会构建解题的思路，才会灵活运用数学知识解决实际问题。

（四）重视知识链接

在日常的数学教学中，教师注意帮助学生进行知识链接，不断达到"温故而知新"的效果，促进知识形成系统的有序的网络，引导学生灵活运用知识，水到渠成地求证题目答案。

（五）重视反复剖析

典型的例题囊括了丰富的数学知识、数学方法和数学思想，值得教师引导学生反复剖析例题，寻找不同的解题方法，要让学生反复自主练习这样的例题。

教师越是重视一题多解的教学，学生越能用多种方法解题，也越能提高学生解题的正确性和逻辑数理能力。

（六）符合新课标的要求

落实立德树人根本任务，贯彻"双减"政策，注重培养学生的核心素养，鼓励学生运用数学知识与方法解题，用类比的思想发现问题、分析问题和解决问题，把四边形转化为三角形，提高学生的探究能力，重视培养学生的几何直观和推理能力的核心素养。

（七）关注学科本质

基于新中考、新高考的背景，摒弃题海战术，避免学生做重复的习题，把培养学生的重心向正确价值观、必备品格和关键能力方面转移。关注学科本质，不单纯依赖记忆与模仿，要求学生透过现象看本质，依据不同的原理获得不同的解法，意在提倡学生一题多解，培养学生发散思维及自主探究的精神。教师要重视通性通法的教学，发展学生的核心素养。考查学生多种数学解题思想：转化、分类讨论、数形结合方程函数。

（八）关注学生数学情感

不管是数学教学，还是课后作业，要让学生"跳一跳，可摘到"，提高学生的数学自信，鼓励学生持续地钻研数学题。

在一线教学中，教师在教学中应重视培养学生的"四基"，提高学生的"四能"和高阶思维能力，努力为学生创造自主探究的空间，注意总结数学思想方法，教会学生揣摩命题者的命题意图及了解题目所发挥的功能，帮助学生快速建构中等难度题型的解题思路。

三、一题多解教学的意义

（一）提高学生的逻辑数理能力

培养学生一题多解的习惯，引导学生从不同角度思考问题，快速帮助学生链接相应的数学知识，构建以知识为主体形成系统的有序的网络，发散学生思维，提高学生的逻辑数理能力和解题能力。

（二）有效提高学生的课堂学习效率

通过一题多解教学，增加了纵向知识间的联系，扩宽了知识的广度，避免了重复机械式的做题，培养学生的高层思维能力。

（三）感受一题多解的美妙，激发学生的学习积极性

爱美之心人皆有之，数学有对称美、逻辑美、方法美等，教师在一题多解教学中引领学生感受数学一题多解的美妙，激发学生的学习积极性，促进学生向数学高峰攀登。

（四）增强学生解题的自信心

在一题多解教学成自然的环境下，学生不只会用一种方法解题，还可以用其他方法解题，不断强化学生的解题自信心，为促进学生自主学习打下了坚实的基础。需要明确的是，并非所有的数学题都适用于一题多解的方法，要对题目进行具体问题具体分析。

通过一题多解的教学方法来提高学生的逻辑数理思维能力，并非一朝一夕的事情，教师从带领学生解题到学生自主解题，在这一过程中持之以恒地指导学生解题技巧，使学生养成一题多解的好习惯。

在审题中提高学生的数学问题解决能力

社会期待增效减负的教育，教师不得不去思考如何帮助学生在有限的学习时间内提分增效。学生成绩的差异，与众多因素有关，例如：学生基础知识掌握的水平、学生的学习态度、学生的应试技巧、教师的业务水平、家长重视教育的程度等。在常规教学中，教师普遍重视培养学生的学习习惯、逻辑思维能力和问题解决能力，而忽略了培养学生的审题能力。

一、审题能力的解析

（一）数学课标的要求

《义务教育数学课程标准（2011年版）》要求教师发挥主导作用，处理好讲授与学生自主学习的关系，引导学生独立思考、主动探索、合作交流，使学生理解和掌握基本的数学知识与技能，体会和运用数学的思想和方法，获得基本的数学活动经验。审题是学生分析和解决问题的一种表征，教师培养学生的审题能力势在必行。

（二）审题是一种阅读能力

李岩在论文《数学解题审题翻译法》中提出："数学审题是把握解

题的本质，弄清题意中的字、词、句、图表各自的数学意义及它们之间的数学联系，通过阅读题目获取已知条件和要求的结论。"

（三）审题是一种逻辑思维的开始

审题是挖掘题目中的隐含条件，链接已知条件与所求结论的关系，寻找这种关系中所涉及的知识概念、解题方法及解题数学思想。

（四）审题是提高问题解决能力的关键

审题是问题解决的第一步，是准确解题的前提和首要条件，是解决数学问题的关键。审题的正确与否关系到解题的成败。

在课堂教学中，教师应重视培养学生的审题能力，这是帮助学生提高问题解决能力的有效途径，是提高数学教学质量的有效途径。

二、学生在审题时存在的问题

通过平常课堂教学的观察和分析，笔者发现学生在数学审题方面存在以下的问题。

（一）畏"长"心理

学生一看到篇幅很长的题目，就人为地扩大题目的难度，缺乏耐心把题目读完整，以致放弃作答。这样类型的题目实际上是锻炼学生的审题耐性，题目并非有想象中的难度，题目只是描述背景，以增加"数学源于生活，用于生活"的元素。

例1：2016年5月6日，中国第一条具有自主知识产权的长沙磁悬浮线正式开通运营，该线路连接了长沙火车南站和黄花国际机场两大交通枢纽，沿线生态绿化带走廊的建设尚在进行中，届时将会给乘客带来美的享受。星城渣土运输公司承包了某标段的土方运输任务，拟派出大、小两种型号的渣土运输车运输土方。已知2辆大型渣土运输车与3辆小型渣土运输车一次共运输土方31吨，5辆大型渣土运输车与6辆小型渣土运输车一次共运输土方70吨。求一辆大型渣土运输车和一辆小型渣土运输车一次各运输土方多少吨？

分析：本题有226个字，题目篇幅较长，如果学生缺乏读题的耐性，就会觉得"题目长就代表难度高"。前面一大段都是讲述题目的背景，从"已知"开始才正式是题目，这实际是用二元一次方程组解应用题。

（二）思维定式

学生急于求成，没有耐性把题目看完，没有深入分析题目，常常用眼睛扫一遍题目，就急于下笔，以"老经验"的心理盲目解题，导致无法准确地解题，结果答非所问。

例2：完成下列题。

4的平方根是＿＿＿＿＿＿＿＿。

$\sqrt{4}$ 的平方根是＿＿＿＿＿＿＿。

$\sqrt{4}$ 的算数平方根是＿＿＿＿＿。

分析：4的平方根是±2，学生误认为 $\sqrt{4}$ 的平方根也是±2，学生把4和 $\sqrt{4}$ 等同起来，没有注意到4与 $\sqrt{4}$ 的区分，$\sqrt{4}$ 是带有一种开平方的运算。正确的答案是 $\sqrt{4}=2$，即求2的平方根，是 $\pm\sqrt{2}$。

例3：已知 $(a+3)^2+\sqrt{b-5}=0$，求a-b的立方根。

分析：学生凭经验求出a，b的值再求a-b的值就以为完成解答，实际上还要求出a-b的值的立方根。

（三）忽略部分题意

学生已经审题下笔作答，答完后没有反复推敲题意，甚至是无视题目的已知条件，如是非辨别词、图表信息等条件，导致解题的最终结果出现错误。还有是对数学概念含糊不清，读不懂的数学概念就人为地忽略而错误地解题。

例4：在自然数范围内，方程$x+y=4$的解是_____。

分析：部分学生容易写出 $\begin{cases} x=1 \\ y=3 \end{cases}$ $\begin{cases} x=2 \\ y=2 \end{cases}$ $\begin{cases} x=3 \\ y=1 \end{cases}$，就是没有理会

"自然数"的范围而遗留了 $\begin{cases} x=0 \\ y=4 \end{cases}$ $\begin{cases} x=4 \\ y=0 \end{cases}$ 这两种情况，违背了数学的

严密性。

（四）缺乏整合题意

题目条件以文字、图表两种形式出现。学生对单个图表信息本身的含义和隐藏的含义较为熟悉，但是对于多个图表信息就无法整合和提取有效的信息，以致无从下手进行解题。

例5：（2014年广东省）某高校学生会发现同学们就餐时剩余饭菜较多，浪费严重，于是准备在校内倡导"光盘行动"，让同学们珍惜粮食，为了让同学们理解这次活动的重要性，校学生会在某天午餐后，随机调查了部分同学这顿饭的剩余情况，并将结果统计后绘制成了如图3-17所示的不完整的统计图。

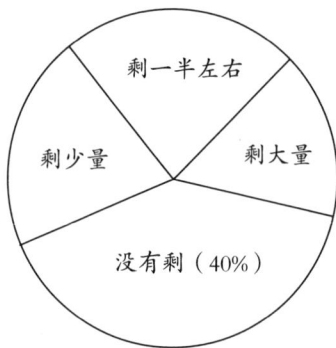

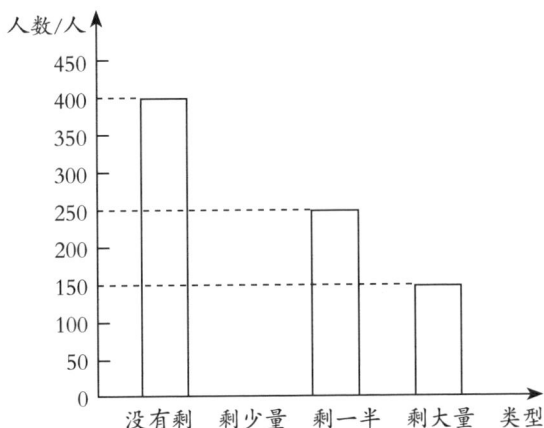

图3-17　不完整的统计图

（1）这次被调查的同学共有_____名。

（2）把条形统计图补充完整。

（3）校学生会通过数据分析，估计这次被调查的所有学生一餐浪费的食物可以供200人用一餐，据此估算，该校18000名学生一餐浪费的食物可供多少人食用一餐？

　　分析：对于第（1）问，学生经历一大段文字信息了解题目背景，部分学生审题时单看左侧的条形统计图的信息不能求出被调查的同学的数量，单看右侧的扇形统计图的信息，也不能求出被调查的同学的数量。本题要求学生整合两张图表的信息，从"没有剩"这个条件入手，抓住条形统计图的"没有剩（400人）"和扇形统计图的"没有剩（40%）"这两个信息进行计算获得结果。

三、提高学生审题能力的对策

　　张璐璐在《浅谈在数学教学中培养学生的审题能力》中指出，审题是学生解决问题的基础和先导，审题能力是综合获取信息、处理信息的一种能力，它需要以一定的知识储备、认知水平为依托，更需要有良好的审题习惯和教师的引导。针对以上学生在审题过程中出现的问题，笔者查找文献以及结合自己的教学实践，提出以下的对策。

（一）削枝存干，把握本质

随着高考改革，重视考查学生的语文学科水平，重视考查学生的阅读理解能力，数学这一学科也顺应改革之风，出题者倾向于描述题目的背景，增加题目的长度，这需要引导学生"削枝存干，把握本质"，不畏题目的长篇幅，摒弃题目的背景，将注意力集中在关键的题目条件上，寻找解题的突破口，把握解题的本质，"对症下药"。

（二）咬文嚼字，重视概念教学

学好数学的第一关就是要过好"概念关"，概念是反映事物本质特征的思维形式，在概念的理解上差之毫厘，则误导了思维。学生审题有误还表现在对数学概念的"消化不良"方面，要避免这种症状，需要重视数学概念的教学，正确呈现概念的内涵和外延。概念是为审题而服务的。

审题是一种阅读能力，是弄清数学问题中字、词、句的各自数学意义，这需要培养学生咬文嚼字的审题能力，根据不同题型抓住关键字眼进行审题，例如：对于是非辨别题则要圈出"正确的、错误的、真命题、假命题"等关键字，边读题，边圈出重要的词语，提醒注意。对于较难读懂的题目，采用"读书百遍，其义自现"的方法捕捉解题的突破口。

（三）对比区分，变式训练

把学生容易混淆的概念罗列出来进行对比分析，结合相应的变式练习加深学生对知识的掌握。例如，增长问题中的"增长了"与"增长到"意义不同，所列的式子也不同，结果就截然不同。

（四）扶持引导，自主完成

"玉不琢，不成器。"学生的审题直接影响解决问题的成败，在数学教学中，循循善诱，因势利导，让学生知道准确审题，把握解题的方向，才会发现解题的思路，才会灵活运用数学知识解决实际问题。落实学生读题目、抄题目和审题目的方法，揣摩题目题意。培养学生良好的审题习惯并非一朝一夕的事情，按照新课标的要求，要充分创设更多的平台让学生独立完成整个审题过程。

解题的好习惯，重在理解，成在培养，贵在坚持。教师越是重视培养学生的审题习惯，越能提高学生解题的正确率，作为一线教师，让我们为学生能够更好地解题而努力吧！

直观化教学促进初中生的数学学习

数学是一门研究数量关系和空间形式的科学，是形式化、抽象化和数学化的知识。学生认为数学太抽象了，是因为没有在形象和抽象之间搭起一座"桥"，所以才会使形象到不了抽象，抽象回不到形象。形象思维如果没有发展好，就会影响抽象思维的发展。从形象到抽象需要一个过程，是学生数学经验积累的过程，没有一定的经验积累，抽象太快了，就容易产生困难。顺延小学借用几何直观帮助理解数量关系这一路径，利用化抽象为直观成为教学的突破口，本文通过采用直观化教学，提高学生的形象思维，为提高学生的抽象思维而做充分的铺垫，实现不同学生在数学上得到不同的发展。

一、直观化教学的分类

直观化教学主要包括感官直观和思维直观两种，感官直观包括实物教具、听说读写；思维直观教学包括语言直观教学、板书直观教学、多媒体直观教学、肢体动作直观教学和图表直观教学。

二、感官直观

著名教育家夸美纽斯指出："一切知识都是从感官的感知开始的"。感知分为感觉与知觉。在数学课堂中根据教学内容，可以实施的教学手段有展示实物教具和开展听说读写，从而突破教学难点。

（一）展示实物教具

实践是检验真理的唯一标准。让学生亲眼看一看、摸一摸实物教具，远比单纯从教师口中获取信息更印象深刻。学生观察立体几何图形、立体几何图形的平面展开图、平面几何图形等，增加学生对几何和平面几何的学习兴趣。

为了分类讨论拐点与两平行线的位置关系，仲兆香教师自制教具，用两根橡皮筋代表两条平行线，四枚钉代表四个顶点，形象生动地展示拐点与两平行线的位置关系，负责展示的学生快准齐地分别展示几种情况，起到很好的教学效果。

展示实物教具，学生更容易准确地理解教师通过教具所表达的教学内容，激发学生的学习热情，帮助学生更好地掌握知识。

（二）开展听说读写

加涅认为，构成教学过程的其中一个因素是引起学生注意。引起学生注意的方法多种多样，其基本为听、说、读、写。

1. 听

听指学生专注地听教师讲解，指导学生不能盲目地听课，而是要带着问题、带着思考听教师的讲解，重点听教师讲知识点、高频考点、解题思路、解题方法、总结与提升，必要时在课本上画一画知识点，做速记，切忌只抄笔记而不听，也切忌时而听时而不听，错过了学习知识点的连贯性，造成知识的断层。

2. 说

在教学中，教师主要通过"说"向学生传授系统知识和间接经验，"说"是传授知识的重要途径。语言在教与学中，起到举足轻重的作用，一节课，成在说败也在说，如何说，说什么，说对了，说错了，说准了，说偏了，效果完全不一样。按教学进度，把教学内容准确有效地说给学生听，速度适中，突出重点、难点，说得清楚，适当进行知识迁移，让学生学习数学更容易。

3. 读

若学生的感性认识丰富、想象力丰富、表象清晰，就比较容易理解书本知识；若学生缺乏必要的感性知识，就难以理解书本上的概念、公式、原理等；学生没有知识存量，就谈不上解题。为了帮助学生有意义地学习，能运用知识解题，让学生读概念、法则、定理、公式等重要内容，目的是让学生巩固知识，加深对知识的印象，尽快形成解题技能，提高学生解题的正确率。读，还可以读题目，读懂题目，顺利审题，是正确解题的前提。此外，鼓励学生除了读教材、读题外，还应广泛阅读课外读物，增广见闻。

4. 写

写包括师写和生写，写是终极目标，写是反映思维的过程，教学反馈主要靠写体现出来。数学试卷分为三大题型，尤其是简答题占的比重较大，学习好的学生，往往写得也比较好，学习不太好的学生，写得也不太好。在数学课堂中，写才是重头戏，是教学的终极目标，是学生形成技能的重要体现，是教师培养智育的结果。学生能正确无误地写出习题的答案，是每个数学教师所期盼的。"写"要求学生写得清晰、端正、不糊涂、不会产生歧义，书写解题过程要符合评分要求，写出必要的过程；要求教师要精准地示范、精准地变式训练和精准地批改作业。

在课堂上培养学生的数学思维是归宿，听是思维的转化过程，说是思维的熟练过程，读是思维的思考过程，写是思维的表达过程，贯穿课堂的始终，用耳听，用嘴说，用嘴读，用手写，不断变换感官的使用，避免单一信息的输入，是提高学生数学课堂学习效率的有效途径。

感官直观教学是思维直观教学的前提，让学生从第一感觉中体会数学教学的内容，为发展学生的数学思维而做充分的准备。

三、思维直观

数学是促进学生思维发展的重要途径，直观是思维的基础，直观是思维的工具，同时思维对直观有指导作用。思维分为形象思维和逻辑思维，学生总是不理解一些题目的讲解，跟不上教师的思维，思维直观教学是帮助学生尽快掌握知识，提高学生的学习积极性。

形象思维以语言直观、板书直观、多媒体直观、肢体动作直观和图表直观为数学教学落脚点，提高学生的学习效率。

（一）语言直观

张奠宙先生指出，"教师采用显性的文字或口头语言道出一些数学思想方法，实现传授数学知识和数学问题的解决，是正面表白的认识理解阶段。"在课堂接近尾声时，"教师进行适当的总结，讲数学思想方法提升为学生的一种文化感悟，乃至成为一种宝贵的文化素质"。教师授课内容的50%是通过语言向学生形象描述数学概念、法则、解题方法、解题技巧等，教师用形象生动、清晰准确的语言讲授教学内容，把抽象的知识变得简单易懂，给学生留下深刻的印象，启发学生的数学思维，提高学生的解题能力。

例1：如图3-18所示，已知∠A＝∠ADE，∠C＝∠E。求证：BE∥CD。

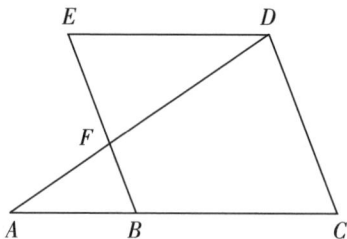

图3-18　例1

证明：∵∠A＝∠ADE，

∴DE∥AC，

∴∠E＝∠B.

∵∠C＝∠E，

∴∠B＝∠C，

∴BE∥CD。

以点B为顶点的角有三个，为了准确表示一个角，上述的∠B应该改为∠ABE。表示跨角时，学生总是习惯性地只用一个大写字母表示其中的一个角，显然是不妥的，教师多次强调仍有一些学生犯错，现在用一个例子说明不能用这种方法表示角。例子："陈同学请站起来"，学生诧异不知道教师叫哪位同学站起来，班里有好几个姓陈的同学，随后教师叫"陈××站起来"，结果，只有陈××站起来。通过这个实例，教师要告诉学生，表示跨角时用三个大写字母表示角就不会出现类似"陈同学站起来"，然后每个姓陈的同学都站起来的情况。学生清晰地知道跨角不能只用一个大写字母表示，而是要用三个大写字母表示。

顺口溜通俗易懂，给人的印象深刻，体现数学的再创造。例如，解不等式最后一步系数化为1时，由不等式性质3得：不等式左右两边乘（或除以）同一个负数，不等号的方向改变。很多学生总是容易弄错不等式的方向，为了突破这一点，教师自编了一句顺口溜"乘除负变向，其余都不变"，这样学生一下子就牢记了。

（二）板书直观

板书是教师对授课内容的高度概括，要求简明、扼要、准确、字迹清晰、解题过程规范有条理、突出教学重难点，可采用思维导图形成知识网络，有利于学生明确教学重难点等教学内容，提高学生解题的规范性和准确性。

例如，表达平行线的性质与判定：$FZU \Leftrightarrow //$，用X表示对顶角相等，用⊥表示邻补角互补。

（三）多媒体直观

充分利用信息技术与数学教学有机结合，把抽象的内容直观化，利用多媒体中的信息技术展示复杂的图形、动态的变换等一系列抽象内容，及时解决学生的疑难，突破教学难点，提高学生解中等题的正确率。

（四）肢体动作直观

借助手势、动作等直观手段帮助学生快速理解并牢记所学内容，例如：讲授不等式解集"无解"的内容时，用手势┐ ┌来快速描述公共部分为空集。

（五）图表直观

要直观地表达"变中不变"的数学思想，可以采用数形结合的方法，充分利用数轴、图形、图表等化解数学的抽象性。

例2：如图3-19所示，长青化工厂与A，B两地有公路、铁路相连。化工厂从A地购买一批每吨1000元的原料运回工厂，制成每吨8000元的产品运到B地。已知公路运价为1.2元/（t·km），铁路运价为1.0元/（t·km），且这两次运输共支出公路运输费12000元，铁路运输费81000元。求：工厂从A地购买了多少吨原料？制成运往B地的产品有多少吨？

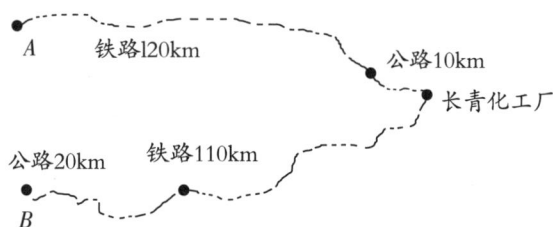

图3-19　长青化工厂与A、B两地之间公路、铁路图

分析：对于涉及多个量的实际问题，学生审题畏惧心理严重，为了缓解题目的难度，采用表格方法分析题意（见表3-2），抓住两个相等关系列式。

表3-2　某化工厂公路、铁路运输分析表

分类	原料x吨	产品y吨	支出总费（元）
公路运费/元	$1.2 \times 10x$	$1.2 \times 20y$	12000
铁路运费/元	$1 \times 120x$	$1 \times 110y$	81000

解：设工厂从A地购买了x吨原料，制成运往B地的产品有y吨，根据题意得，

$$\begin{cases} 1.2 \times 10x + 1.2 \times 20y = 12000 \\ 1 \times 120x + 1 \times 110y = 81000 \end{cases}$$

解得$\begin{cases}x=400\\y=300\end{cases}$

答：工厂从A地购买了400吨原料，制成运往B地的产品有300吨.

四、直观化教学的意义

直观教学法是教师采用直观的方法化解数学教学的抽象性，是非常方便、实用和有效的教学手段，具有形象生动、活跃课堂气氛等优势，让学生充分经历隐形的操作感受、正面表白的认识理解、主动运用的训练积累和感悟文化修养的阶段。学生能学会，才会有学活、学精的结果。

教无定法，通过数学直观化教学，教师充分利用感官直观和思维直观教学，提高学会数学学生的数量，点燃学生的求知欲，让更多的学生喜欢数学，爱上数学，追求数学，实现人人学数学，不同的人得到不同程度的提高的目标。

捕捉课程标准关键词　助力数学科课堂教学

笔者细读了《义务教育数学课程标准（2022年版）》（以下简称新课标），它是《义务教育数学课程标准（2011年版）》（以下简称课标）的升级版。时代在变，对人才的培养方向也随之发生改变，才能匹配社会的发展，有必要细细研读新课标的内容，为了在新课标下更好地开展课堂教学，以下笔者捕捉了新课标的一些关键词，高度概括了我对新课标的理解。

一、总概

新课标与课标间隔十一年，新课标明确"培养什么人，怎样培养人，为谁培养人"，优化学校育人蓝图。修订课标的原则是坚持目标、问题、创新的导向。新课标强化了课标育人导向、优化了课程内容结构、明确学业质量标准、增强了指导性、加强了学段衔接，这明显比课标强大了很多。

二、关键词

新课标里有很多丰富的关键词，这些关键词正是指导新时期笔者的数学教学工作。

（一）"四基"

课程目标以学生发展为本，以核心素养为导向，进一步强调学生获得数学基础知识、基本技能、基本思想和基本活动经验（简称"四基"）。数学课标经历了由"双基"（基本知识与技能），到"三基"（基本知识、技能和思想），再到"四基"（基本知识、技能、思想和活动经验），除了折射对学生育人观的改变以外，同时也折射了社会对人才的要求。教学生学习数学，除了教数学知识、数学技能、数学思想外，也要重视组织学生体验数学活动的经验，这种能力是当今社会的发展对人才的基本要求。由此可见，"四基"相辅相成，缺一不可，在每一节教学设计中切实落实"四基"内容，不断提高学生的数学素养。

（二）"四能"

运用数学知识与方法发现、提出、分析和解决问题的能力（简称"四能"），形成正确的情感、态度和价值观。这是运用数学知识解决问题的主要步骤：发现、提出、分析和解决，让学生养成解决问题的习惯，提高学生解决问题的能力，实现"学以致用"的目标。学生解决问题能力的增强，有赖于数学教师的精心设计课堂教学，如可以设计项目学习，驱动学生围绕项目思考、实践、学以致用，让学生在数学学习中不断积累这四种能力。

（三）"三会"

"三会"是指会用数学的眼光观察现实世界，会用数学的思维思考现实世界，会用数学的语言表达现实世界。很多时候，学生都在疑问："数学到底有什么用？"很多教师会告诉学生："学了数学，你就不会上当。"这是教师负责任地引导学生好好学习数学的常见对话。看了新课标后，明确了学习数学对社会发展的意义，而不仅是为了"防止上当"，学习数学，是学习一种思维，在日常生活中遇到的数学问题不只是围绕金钱而展开的，我们的数学视野应向新课标看齐，数学不要局限于个人生活。IT产业某个领域的发展主要依靠的学科是数学，密码学、图像学、通信协议分布式并行计算、数据压缩储存等技术核心都和数学有关，高深新产业的发展都离不开数学的助力，这正是数学"三会"精神的所在。在日后的师生对话中，引导学生学好数学，不再是低版本的"防止上当"，而是高版本的"改变世界，改善生活"。在日常教学中，多举实例，多与时代接轨，传递数学改变世界的观点，拓展学生的数学学习积极性，高度引领学生认真、严谨、刻苦地学习数学，为祖国的发展贡献自己的力量。

（四）核心素养

初中阶段核心素养主要表现为抽象能力、计算能力、几何直观、空间观念、推理能力、数据观念、模型观念、应用意识、创新意识等方面。这些核心素养中，比课标多了抽象能力、数据观念和模型观念，增加的三个核心素养，是与时俱进的表现，也是社会对人才培养的需要。中学教师有必要在数学课堂中落实这些核心素养，与时俱进，帮助学生的数学能力生根发展，茁壮成长。

教师需要反复精读新课标，领会新课标的精神，把握以上的四个关键词，结合教材内容进行设计教学，落实到每一天的数学教学中，提高教学质量，实现师生共同成长的目标，为祖国的建设贡献自己的力量。

数学写作在初中数学问题解决教学中的应用研究

——以"平行线的判定"为例

一、理论基础

数学写作指学生以文字、图表、符号等形式记录数学问题解决的思维过程及数学学习感悟的一种写作。数学写作包括解题的思维过程、书面表达过程、解题方法总结、学习感悟等。

问题解决教学指教师引导学生根据已有的知识水平，通过独立思考、小组合作、师生合作、教师引领等方式解决问题的一种教学方式。问题解决包括理解问题、构思解题计划、执行计划、回顾和反思四个过程。问题解决主要依靠数学思维，思维是抽象的，培养学生的数学思维不是一朝一夕的事，是一个循序渐进的过程。在课上、课下让学生进行数学写作，让学生经历数学写作的过程就是学生问题解决的过程，以写促学，以学促教。

在问题解决过程中，学生采用数学写作的方式理解问题、构思解题计划、执行计划、回顾和反思，做到清晰有序，使学生提高问题解决的能力。

推理是根据一个或几个判断得出另一个判断的思维形式。常规的两条直线被第三条直线所截，学生容易辨别出同位角、内错角、同旁内角的关系；不是常规的两条直线被第三条直线所截，学生就不易辨别同位角、内错角、同旁内角的关系。学生的思辨水平不高，不能根据图形找出有助于求证的同位角、内错角、同旁内角的关系，这是一个教学难点。如何解决证明题的教学难题，笔者需要在一线教学中继续摸索。

二、案例描述

在批改学生作业时，笔者发现学生解答有关平行线的判定时存在以下的现象。

（一）架空题目，无中生有

1. 架空题目

架空题目是指一些学生无视题目的条件，凭空想象或隐约记忆"临摹"解答过程。但解答几何证明题，要充分利用已知条件，结合图形进行合理的推理。

例1：如图4-1所示，已知$AC \perp AE$，$BD \perp BF$，$\angle 1 = \angle 2$，AE与BF平行吗？为什么？

误解：$AE /\!/ BF$，

$\because AC \perp AE$，$BD \perp BF$，

$\therefore \angle EAC = \angle FBD = 90°$ ，

$\therefore \angle 3 + \angle EAC + \angle 1 = 180°$.

∠4+∠FBD+∠2=180° ，

∴∠3=∠4，

∴AE∥BF。

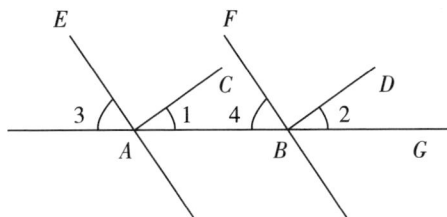

图4-1　例1

分析：学生明显地遗漏了题目的已知条件"∠1=∠2"，缺少这个关键条件，就证明不了∠3=∠4。这体现出学生的思维不清晰，明道理，缺条件，或是学生认为在自我意念中写了，现实作答过程被忽略了。除了证明∠3=∠4推出AE∥BF以外，还可以证明∠EAB=∠FBG，证得AE∥BF，为避免上述问题，结合数学写作，在讲课时，应从结论出发进行逆推理，要证明AE∥BF则可以证明∠3=∠4。用对比性强的颜色笔在图中勾画由∠3和∠4组成的一对同位角，恰好成为一个倒"F"状，符合"同位角相等，两直线平行"的原理。

正解：AE∥BF，

∵AC⊥AE，BD⊥BF，

∴∠EAC=∠FBD=90° ，

∴∠3+∠EAC+∠1=180° ，

∠4+∠FBD+∠2=180° 。

∵∠1=∠2，

∴∠3=∠4，

$\therefore AE \parallel BF$。

2. 无中生有

题目没有已知的条件或没有通过证明获得，或没有根据的条件，学生只是出自"顺手拈来"，从而错误地编写整个推理过程。

例2：如图4-2所示，点B在AC边上，$BD \perp BE$，$\angle 1 + \angle C = 90°$。判断$CF$与$BD$是否平行。请说明理由。

误解：$CF \parallel BD$

$\because BD \perp BE$，

$\therefore \angle DBE = 90°$，

$\therefore \angle 1 = \angle 2 = 45°$。

$\because \angle 1 + \angle C = 90°$，

$\therefore \angle 1 = \angle C = 45°$，

$\therefore \angle 2 = \angle C = 45°$，

$\therefore CF \parallel BD$。

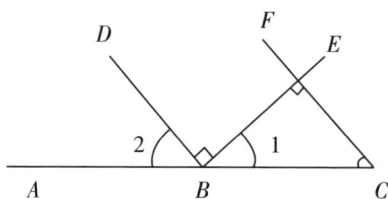

图4-2　例2

分析：该生错在自认为的$\angle 1$与$\angle 2$都是45°，然后根据题目的已知条件顺势编凑$\angle 2$与$\angle C$的度数相等证得$CF \parallel BD$，这是因为学生受到$\angle DBE$是直角的干扰而没有经过证明就滥用45°，显然是错误的。用对比性强的颜色笔在图中勾画由$\angle 2$和$\angle C$组成的一对同位角，恰好成为一个倒"F"状，符合"同位角相等，两直线平行"原理，也可以勾画∠DBE和∠BEC组成的一对内错角，成为一个"Z"形证得CF∥BD。做证明题，千万不能"自以为是"，必须根据已知条件进行推理，不能凭空想象。

正解：CF∥BD

∵BD⊥BE，

∴∠DBE=90°，

∴∠1+∠2=180°−∠DBE=180°−90°=90°.

∵∠1+∠C=90°，

∴∠2=∠C，

∴CF∥BD。

（二）前后不当，步骤残缺

1. 前后不当

三段论推理具有严谨的逻辑性，这逻辑性是来源于课本上的真命题、定理、定义、性质等，学生没有很好地利用课本的真命题、定理、定义、性质等，更谈不上灵活运用数学知识解决问题。

例3：如图4-3所示，∠BAD=∠DCB，∠BAC=∠DCA。证明AD∥BC。

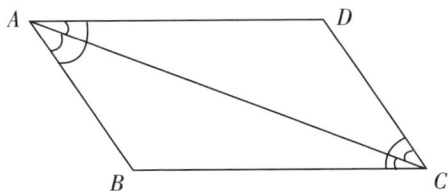

图4-3 例3

误解：$\because \angle BAD = \angle DCB$，

$\therefore \angle BAD = 2\angle BAC$，$\angle DCB = 2\angle DCA$，$\angle BAC = \angle DCA$，

$\therefore AD /\!/ BC$。

分析：由$\angle BAD = \angle DCB$无法说明$\angle BAD = 2\angle BAC$和$\angle DCB = 2\angle DCA$，缺乏充分必要条件及相关的条件或依据，前后不当。根据平行线的判定，$\angle BAC = \angle DCA$也证明不了$AD /\!/ BC$。用对比性强的颜色笔在图中勾画$AD /\!/ BC$呈"Z"状，显然猜想证明$\angle DAC = \angle BCA$，根据等式性质$\angle BAD - \angle BAC = \angle DCB - \angle DCA$得证。学生缺乏"跳一跳，可摘到"的意识，应利用勾画进行引导。

正解：$\because \angle BAD = \angle DCB$，$\angle BAC = \angle DCA$，

$\therefore \angle BAD - \angle BAC = \angle DCB - \angle DCA$，

$\therefore \angle DAC = \angle BCA$，

$\therefore AD /\!/ BC$。

2. 步骤残缺

前因后果体现很强的逻辑性，可是学生会漏写一些很关键步骤，"想当然地凑砌"整个推理过程。

例4：如图4-4所示，$\angle AFC$和$\angle D$互余，$CF \perp DF$，AB与CD平行吗？为什么？

误解：$AB /\!/ CD$

$\because \angle AFC$和$\angle D$互余，

$\therefore \angle AFC + \angle D = 90°$。

$\because CF \perp DF$，

$\therefore \angle CFD = 90°$，

$\therefore AB /\!/ CD$。

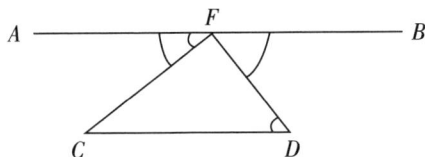

图4-4　例4

分析：推理过程的最后两步骤由∠CFD=90°得AB∥CD，该生的作答过程明显有欠缺，这不符合平行线判定的证明方法。用对比性强的颜色笔在图中勾画，呈"Z"或状，围绕∠D显然猜想证明∠D=∠BFD，或∠AFC=∠C。

正解：AB∥CD

∵CF⊥DF，

∴∠CFD=90°。

∵∠CFD+∠AFC+∠BFD=180°，

∴∠AFC+∠BFD=90°。

∵∠AFC和∠D互余，

∴∠AFC+∠D=90°，

∴∠BFD=∠D，

∴AB∥CD。

（三）本末倒置，胡乱堆砌

1. 本末倒置

人为地把题目要求证明的当作已知条件进行推理，错误地"自圆其说"，最后还"完美"地写下题目要求证明的结论。

例5：如图4-5所示，若∠1=∠2，∠3+∠4=180°，直线a与c平行吗？为什么？

误解：$a/\!/c$

∵$a/\!/c$，

∴$\angle 1 = \angle 5$，

∵$\angle 1 = \angle 2$，

∴$\angle 2 = \angle 5$，

∴$b/\!/c$，

∴$a/\!/b$，

∴$a/\!/c$。

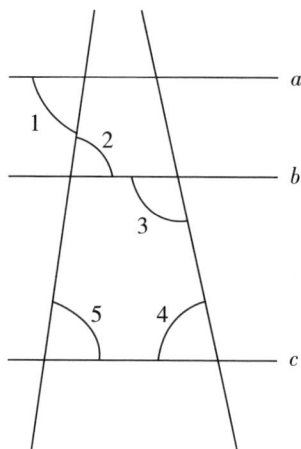

图4-5 例5

分析：该生把问题误当成已知条件，顺着问题而开展推理，该生遗忘了求证，把求证当作已知条件，犯了本末倒置的错误。用对比性强的颜色笔在图中勾画$\angle 1$与$\angle 2$呈"Z"形，证得$a/\!/b$，勾画$\angle 3$与$\angle 4$呈"U"形，证得$b/\!/c$，再利用平行线的传递性证得$a/\!/c$。

正解：$a/\!/c$

∵$\angle 1 = \angle 2$，

$\therefore a/\!/b$。

$\because \angle 3+\angle 4=180°$，

$\therefore b/\!/c$，

$\therefore a/\!/c$。

2. 胡乱堆砌

不能熟练地掌握平行线的判定方法，不能准确使用数学工具解题。

例6：如图4-6所示，已知$\angle 1+\angle 2=180°$，求证：$a/\!/b$。

误解：$\because \angle 1+\angle 4=180°$，$\angle 1+\angle 2=180°$，

　　　　$\therefore \angle 4+\angle 2=180°$，

　　　　$\therefore a/\!/b$。

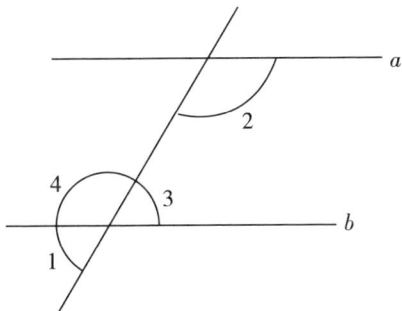

图4-6　例6

分析：由$\angle 1+\angle 4=180°$及$\angle 1+\angle 2=180°$无法推出$\angle 4+\angle 2=180°$，要么是学生笔误，要么是学生没有正确地利用"同角的补角相等"的定理进行推理。正确应推出$\angle 4=\angle 2$。除了这个方法之外，还可以利用$\angle 1+\angle 2=180°$及$\angle 1=\angle 3$获得$\angle 3+\angle 2=180°$证得$a/\!/b$。用对比性强的颜色笔在图中勾画，呈"Z"或"U"状，要设法让学生熟记定理、公理等，不能存在大约、大致等理解，这会成为后续解题错误的致命因素。

正解：∵∠1+∠4=180°，∠1+∠2=180°，

∴∠4=∠2，

∴a//b。

（四）曲折复杂，累赘多余

1. 曲折复杂

原来可以用三四步完成平行线的判定的证明过程，部分学生却绕大圈子，变成七八步才能完成。作为教师，肯定是要求优化学生的推理过程，实现"大道至简"，推崇数学的简洁美。

例7：如图4-7所示，∠1=70°，∠2=70°，求证：$AB // CD$。

解：∵∠1+∠3=180°，∠2+∠4=180°，∠1=∠2=70°，

∴∠3=∠4，

∴$AB // CD$。

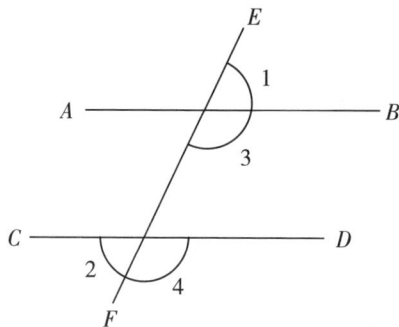

图4-7　例7

分析：该生用了∠1和∠2各自的邻补角，利用等角的邻补角相等证得$AB // CD$，方法挺好的，就是复杂了一些。完全可以利用对顶角证得。用对比性强的颜色笔在图中勾画，呈"Z"或"U"状。

正解：∵∠2=∠5，∠1=∠2=70°，

∴∠5=∠1,

∴$AB/\!/CD$。

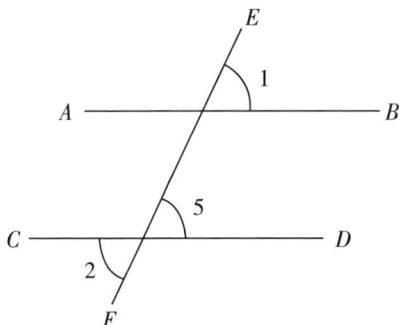

图4-8　例7

2. 累赘多余

学生刚学习几何推理证明,还未真正掌握推理的本质,导致虽成功证得,但过程复杂。

例8:如图4-9所示,点E在直线DF上,点B在直线AC上,∠1=∠2,∠3=∠4,求证:$BD/\!/CE$。

误解:∵∠2与∠DGF是对顶角,

　　　∴∠2=∠DGF。

　　　∵∠1=∠2,

　　　∴∠1=∠DGF,

　　　∴$CE/\!/BD$,

　　　∴∠4+∠D=180°。

　　　∵∠3=∠4,

　　　∴∠3+∠D=180°,

　　　∴$BD/\!/CE$。

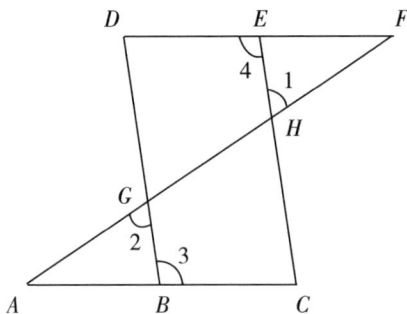

图4-9　例8

分析：从解题过程看，该生在第五步骤已经完成本题的作答，结果学生继续证明 $BD /\!/ CE$，答非所问，该生是审题有误，陷入了思维定式，没有看清楚题目的要求，只是凭经验迅速解题。可见，认真审题是正确解题的第一步，这是可以通过勾画题目，在图中 BD 与 CE 的附近打个问号，以便提醒求证，以免误证。

正解：∵ ∠2与∠DGF是对顶角，

∴ ∠2=∠DGF。

∵ ∠1=∠2，

∴ ∠1=∠DGF，

∴ CE//DB。

三、分析与讨论

教师批阅学生的习题，检查学生对知识的掌握情况，是通过学生的书面表达来实现的，数学写作作为一种书面交流形式，外显学生解题过程，这对促进和发展学生的数学核心素养具有重要作用。

（一）数学写作是增加学生的一种学习方式

因为适应时代发展的数学课程是以学生的发展为本，所以应该充分关注学生的学习情况，把改变学生的学习方式放在数学课程改革的重要位置，改变学习方式在于把数学学习过程之中的发现、探究、猜想、质疑等认识活动凸显出来，倡导学习的自主性、合作性、研究性和批判性，通过学习方式的转变去构建充满生命力的数学课堂教学运行体系。学生数学学习的方式以教师的讲授为主，而很少让学生通过自己的活动与实践来获取知识，得到发展。数学学科本身具有抽象性及连贯性，学生要有扎实的基础知识及良好的学习态度才能学好数学，基础薄弱的学生接受能力弱，既跟不上教师的讲课节奏，也追不上知识的综合运用，以致总是在刷题中"沦陷"。因此，要从学生的"学"进行改变，才有可能改变学生的数学学习的现状，在课堂教学中，增加学生自主探索、动手操作、质疑批判、求异创新等方面的内容，课后学生要自主拓展、反思、提升。让学生写一遍、悟一遍，再结合教师的点评，印象才会深刻，思维上升。讲授平行线的判定，多让学生写过程，可分为两个层次进行训练：第一层次是直接运用平行线的判定两个步骤得证：第二层次是间接运用平行线的判定得证。笔者以师者身份，以身示范，总结归纳分享学生不要出现上述的情况，根据平行线的判定方法进行勾画图形，寻找证明方法，提高学生问题解决的正确率。

（二）数学写作有利于培养学生的核心素养

著名数学家苏步青在《谈谈怎样学好数学》一文中提出：要数学里的基本概念和推导得来的定理，必须经过实际演算，否则，就不可能获得念好这本书的经验；但是，如果念了书，做了习题不想一想，只满足于做过算数，同样也不可能积累经验、提高认识和掌握数学的本质。教师执着于培养学生的学习兴趣和核心素养等目标，都离不开要求学生解题，笔者认为，教师要跳出"为解题而教数学"的怪圈。在不影响正常学习的情况下，学生进行数学写作，是一种很好的自我积累数学经验的方式，学生写一写，既积累了知识、方法和经验，又提高核心素养。在课堂上或课后，多让学生训练有关平行线判定的习题，师生共同探讨规律，重视培养学生分析和解决问题的能力以及交流与合作，寻找最优解题方法。

（三）搭建学会与会学的平台

从本质上说，学生的数学学习过程是一个自主构建自己对数学知识的理解的过程，他们带着自己原有的知识背景、活动经验和理解走进学习活动，并通过自己的主动活动，包括独立思考、与他人交流和反思等，建构对数学的理解。学生数学学习的过程就是一种再创造的过程，对数学知识的提炼和组织——通过对低层次活动本身的分析，把低层次的知识变为高层次的知识，再经过提炼和组织形成更高层次的知识，如此循环往复，把数学放到实现中去加以运用。在这一过程中，获得经验、对经验的分析与理解、对获得过程以及活动方式的反思至关重要。学生的有效数学学习呈现了以下特点：建立在经验基础上的主动建构的过程；学习包括观察、实验、猜想、验证、推理与交流等活动；富有个性、体现多样化学习需要。一线教师以数学知识为中心，用成人的逻辑把整理好的知识教给学生，学生被动吸收、机械记忆、反复练习、强化贮存，要改变这种学习状况，可以在课堂上开展学生之间、师生之间的实质性交流，鼓励学生交流各种观点，使学生通过思考与有意义的交流建构自己的知识结构，获得有效的数学学习。

课堂教学的最终目标是引导学生学会自主学习，为了实现这一目标，数学课堂应该积极地从教师"教会"学生走向引导学生"会学"和"学会"，即从"教"的课堂逐步向"学"的课堂发展。"学"的课堂是在教师引导下，学生自主合作探究学习。数学写作在师生问题解决过程中发挥了重要的交流作用，是一个"学会"与"会学"的平台，这个平台要求教师注意掌握讲授的时间和尺度，适当给学生留有"空白"，让学生思考、书写，促使学生经过思考把解题过程书写下来，经过小组讨论获得正确的解答，对某个题目另有解法也可以书写下来，甚至鼓励学生自主提前预习，这是学生一种自主建构知识、方法与技能的过程，把"教是为了不教"的作用发挥到极致，实现教学相长。

四、结束语

学习数学的本质是解决数学问题，解决问题离不开解题，不能只是得到正确的答案就结束了题目的功能和价值，而应通过学生的数学写作来加强学生的问题解决能力，提高学生的核心素养，实现不同的学生在数学上有不同的发展的目标，众多学生的发展汇聚在一起就会成为推动国家前进的动力，只有这样才是完成了教育者的使命。

基于问题解决教学的数学写作案例探究

通过数学的语言，可以简约、精确地描述自然现象、科学情境和日常生活中的数量关系与空间形式；能够在现实生活与其他学科中构建普适的数学模型，表达和解决问题；形成数学的表达与交流能力，发展应用意识与实践能力。如何提高学生的数学表达与交流能力，值得思考和研究。

数学交流活动是指在数学学科的教与学的过程中，学生之间、教师与学生之间以提高数学交流能力为目的的活动，包括口头交流和书面交流两种形式。数学写作是指学生以提高核心素养为目标，描述自己对数学知识和数学学习过程的认识与理解、对数学学习的感想与体会用书面语言表达出来的数学学习活动，是数学交流活动的书面交流形式。

笔者坚持给学生布置周末作业，要求学生准备一本作业本，专门用于每周的数学写作，每周指定不同的主题，主题比较丰富，例如："我的数学学习目标""我近来的数学学习状况""我最喜欢的一道数学题""一道错题分析""知识梳理图"等，让学生进行数学写作，每周一篇，周一交给教师进行批改，笔者批改学生的数学写作。主要从以下几个方面进行批改：是否符合主题、是否有知识点的错误、解题是否规范、是否有错别字，并给予学生相应的鼓励语及提出修改的意见等。还会利用课堂时间表扬写得好的学生，指出学生需要加强的地方。

一、提出问题

学生对已学的问题解决遗忘率高，机械地模仿而没有领悟解题的本质，不能灵活解题，教师的课堂教学"重结果，轻过程"，忽视"过程与方法"，教学欠缺及时掌握教学反馈。可见，学生的数学课堂学习专注不够度，教师缺乏培养学生问题解决能力的意识。下面将通过案例分析来寻求解决的方法。

二、数学写作案例描述

为了深入研究数学写作，以下呈现笔者执教的七年级两名学生的数学写作，题目是"本周我最喜欢的一道数学题"。

案例1：

本周，和同学一起快乐地度过了，学到了非常多的东西，而在本周，我最喜欢的一道数学题就是数学北京师范大学版七年级上册《导学全程练》第15页的第9题。

题目：在有理数 a，b，c，d 中，a 与 b 互为相反数，c 是 -4 的相反数，d 的绝对值是 4，求 $a+b+c+d$ 的值。

这道题要怎么解呢？其实很简单，接下来看我操作。

解：$\because a$ 与 b 互为相反数，

$\therefore a+b=0$。

$\because c$ 是 -4 的相反数，

$\therefore c=4$。

∵d的绝对值是4，

∴$d=\pm 4$。

（1）当$d=4$时，$a+b+c+d=0+4+4=8$。

（2）当$d=-4$时，$a+b+c+d=0+4+（-4）=0$。

综上所述，$a+b+c+d$的值是0或8。

这道题其实并不难，只要上课认真听课，知道了两个数互为相反数和为0，知道什么是相反数和绝对值，这道题自然就不攻而破了。

总的来说，上课一定要好好听讲。这就是我本周最喜欢的一道数学题。

案例2：

一周又过去了，在每天的上课中做了不少题，有难的，有简单的，但足够吸引我的是下面这道题，听我娓娓道来。

题目：已知一只青蛙在一直线上从O点开始，第一次向右跳1个单位，第二次向左跳2个单位，第三次向右跳3个单位……依此规律，当它跳第2008次时，它在O点的_____边，离O点的距离是_____个单位。

初读这题时感觉真难，但是发现规律后就发现不难。青蛙第一次向右跳了一个单位，第二次向左跳了二个单位，第三次向右跳三个单位，第四次向左跳四个单位……以此类推，就可以发现青蛙跳的次数除以2就是它距离O点的单位长度。结果呈现的奇数和偶数就能判断出青蛙是在O点左边还是右边，结果是偶数在左边，奇数在右边。由此可以列出算式：$2008\div 2=1004$，结果是偶数表示青蛙在O点的左边，离O点的距离是1004个单位长度。

这道题也不是难，只是没有解题思路，才一直解不开，让人心烦意乱。思考必不可少，每一道题都要认真思考怎么能解出来，心浮气躁乃大忌。

不管它多难，总不可能没人解出来吧，就像刚才那道青蛙跳的题，有难度才会吸引人，我也是算了好一会儿。没有人不想挑战高难度的题，在挫折中解题，我享受思考许久突然将题解开后的那种喜悦、自信与骄傲。这就是我被那道题吸引的原因。

三、分析与讨论

以下将从问题解决教学的视角，就学生数学学习方式、教学评价、师生交流、教学相长等方面对上述案例进行探究。

（一）改变学生传统的学习方式，彰显学生思维

学生在传统的数学学习方式中，主要是教师在课堂上讲课，学生认真参与课堂教学：听课、讨论、演示、练习、展示、作业等，课后完成解题类作业，强调学生被动接受学习、机械学习。新课改提倡新的学习方式：自主学习、合作学习、探究学习、个性化学习和主题学习。学生学习数学、解决数学问题的过程，是一个思维活动过程。数学思维就是以数量关系和空间形式为思维对象，以数学的语言和符号为思维的载体，并以认识和发现数学规律为目的的一种思维。思维分为收敛思维与发散思维、逻辑思维与直觉思维、创造性思维和再现性思维。问题解决是依赖于发散思维与收敛思维的有机结合。一方面要能广开思路，自由联想，提出各种解决问题的设想与办法；另一方面要善于筛选，采用一种最优的方案或办法来解决问题。直觉思维在问题解决中也发挥了重要的作用，很多数学问题可以先从形和数两方面的直觉中获得猜想，再进行逻辑证明。再现性思维是按照现成的方法或步骤运用知识和经验解决问题。物理学家杨振宁教授提倡学生自己去找解决问题的办法，在解决

问题中学习创造性思维。学生参与数学写作就是一种包括自主、探究的学习，自主发现问题、探究问题和解决问题的学习过程，归根到底是彰显学生思维的过程，强调学生的自主性及创造性的学习，学生把这一系列的过程通过文字及数学语言表达出来，使学生加深对知识的印象，促进学生思维的发展，反过来，学生的思维得到提高，学生的学习能力也会得到提高。

（二）改变传统的教学评价，让学生提高效能

《义务教育数学课程标准（2022年版）》明确提出，发挥评价的育人导向作用，坚持以评促学、以评促教。着重考查学生的"四基"、"四能"与"核心素养"，主要分为教学评价和学业水平考试。教学评价包括书面测验、口头测验、活动报告、课堂观察、课后访谈、课内外作业、成长记录等。学业水平考试由省级教育行政部门组织实施，依据学业质量标准，以纸笔测试为主，可采用基于信息技术的考试方式。在一线的教学中对学生的评价主要有口头评价、课堂表现评价、作业质量评价、检测评价等，这些评价都是依赖学生的数学学习的质量及学业水平的高低，学生的数学成绩较好，那么这一系列的评价相对都是比较理想，在这样唯分数的评价下，打击了一些学习态度好而数学成绩暂时不理想的学生的积极性，如何调动学生学习的积极性？除了布置学生做常态化的习题作业对学生进行评价，还可以把数学写作的表现纳入平时的数学成绩或期末总评成绩，鼓励学生积极书写数学写作，学生参与数学写作，可以懂得归纳数学解题的方法规律、懂得错题的归因分析、懂得知识结构网等，把所感所悟转化为文字，学生自己提炼的数学知识与方法远比教师在课堂多讲几遍的效果好。

（三）改变师生交流的互动方式，让师生教学相长

随着现代技术的融入，师生交流的方式增加了，除了在校园内面对面的师生交流外，还可以通过批改习题作业的方式交流，以及在网络上利用QQ、微信、博客或公众号等交流，还可以利用数学写作进行师生个性化的交流。学生通过数学写作，可以填补课堂以内的交流，如学生对某一道题萌生了不同的解法，鉴于周末的时间没能与教师第一时间沟通，那么可以通过数学写作马上记录下来方便与教师交流，学生的一题多解既达到学以致用的效果，又凸显问题解决效率，让教师获得另一种解题方法，既延伸了数学课堂教学，又奋进了学生的学习心理和学习干劲，促使学生积极学习，从而实现教学相长。还可以让学生在数学写作中有感而发，细说自己在学习数学时存在的问题，教师批改时可以与学生进行个性化的交流，该鼓励就大力鼓励，该建议就温馨提示等，拓宽了师生交流的平台，让师生关系更加和谐。

数学写作可以落实新课标的教学目标，驱动学生的数学学习，促使学生进行一题多解、总结归纳、开拓创新等，今后还需继续指导学生高度提炼写作成果，在公众号发布，在表扬学生的同时让更多的学生借此机会学习，让更多的学生学会用数学的眼光观察现实世界、会用数学的思维思考现实世界、会用数学的语言表达现实世界。

基于问题解决的一元一次方程与实际应用的课例探究

一、问题提出

让学生初步学会从数学的角度发现问题和提出问题，综合运用数学知识解决简单的实际问题，增强应用意识，提高实践能力。问题解决受到国际数学教育界的重视，自21世纪以来，重视问题解决成为各国数学课程目标的一个显著特点，如英国的数学课程标准，"让学生学会问题解决"的相关内容占有十分重要的位置；荷兰数学课程的一个突出特点是重视问题解决；韩国的数学课程提倡数学问题解决，引入开放性问题（实际问题、非常规问题等）。

根据研究发现，在讲授应用题时，教师"唱独角戏"不是最有效的办法，学生以"主人翁"的身份融入课堂才是最佳的教学办法，但是纯粹放手让学生自主探究，结果既耗时又不一定达到最佳效果。那么，如何做到既省时又高效？这是本文要探讨的问题。

二、理论基础

纵观世界许多国家与地区在数学课程中的"问题解决"突出两个特点：一是，先将问题变成可用数或图形呈现的形态，做出一些个案，再以归纳或演绎的方式，把个案的解法转化成一个数学模式；二是，在数学课程中，当学生习惯于面对非常规问题进行解决问题的一种新活动时，他就养成了主动思考的习惯。数学教育的目标并不仅是为了让学生学到一些数学知识，更重要的是要让学生在这个充满挑战、问题及其答案常常都不确定的世界中，能够运用数学发现问题、提出数学问题并加以分析和解决问题，用数学提高自己的生存本领，拓展自己的生存空间。

学好数学的前提之一是"理解"。心理学中最基本的心理机制是同化或顺应。在信息处理时利用头脑中形成的图式，对知识进行取舍、改变的过程叫同化；在没有现成的图式可以直接利用时，则设法调整或改造自己已有的图式，或是设立新的图式，使之能够接纳新信息的过程叫顺应。在认识过程中，同化和顺应相辅相成，互相发挥作用，教学难点通常表现在顺应的过程中。

问题解决要求学生理解题意，熟悉问题解决的过程，两者层层相扣，呈现了完成问题解决的整个过程，以下以一元一次方程与实际应用为例进行探讨。

三、课例描述

这是笔者执教人教版数学七年级上册的一元一次方程与实际应用配套问题的课例。

（一）复习引入

1. 复习步骤

与学生共同复习解一元一次方程应用题的一般步骤，具体是审题—设未知数—列方程—解方程—答。

2. 做练习题

练习1：甲仓库储粮35吨，乙仓库储粮19吨，现调粮食15吨，应分配两仓库各多少吨，才能使得甲仓库的数量是乙仓库的2倍？

（生练习，师巡堂面批，对答案）

师：生产调配问题通常从调配后各量之间的倍、分关系寻找相等关系，建立方程。

练习2：某车间有22名工人，每人每天可以生产30个螺钉或50个螺母。1个螺钉需要配2个螺母，为使每天生产的螺钉和螺母刚好配套，应安排生产螺钉和螺母的工人各多少名？

3. 课堂引入

师：请思考练习2是上节课提到的调配问题吗？

生（齐）：不是。

师：为什么不是调配问题？

生1：不是调配问题，因为没有发生"调配"的现象。

师：这题有一个关键词，预示本题的类别，请同学们找一找这个关键词。

生（齐）：刚好配套。

师：对！这题简称为"配套"问题。请把这一关键词用笔画出来。

（二）开展新课

1. 介绍配套

以丰富多彩的生活例子解释"配套"。找找桌椅、螺丝、茶具等物品具有固定的数量比例关系。

2. 分析题意

师：根据问题，怎样分配22名工人生产螺钉和螺母？

生2：用方程的思想解题，设未知数。设安排x名工人生产螺钉，则安排（$22-x$）名工人生产螺母。

师：非常好！设其中一个量为未知数，则用总数−未知数=另一个量。请同学们根据题意，完成表4-1。

表4-1　不完整的产品分析表

产品	每人每天生产的数量/个	安排的人数/名	相应的数量/个	比例
螺钉				
螺母				

（学生完成表4-2）

表4-2　完整的产品分析表

产品	每人每天生产的数量/个	安排的人数/名	相应的数量/个	比例
螺钉	30	x	$30x$	1
螺母	50	$22-x$	$50×（22-x）$	2

师：同学们已经很好地完成上表，我们用一元一次方程解这题，请小组讨论根据题意找找相等关系。

（生无从入手找这题的相等关系）

师：解有关配套问题的应用题时，我们通过抓住配套后双方的数量关系进行列方程，而这里有相关的数量关系吗？

生3：一个螺钉和两个螺母配成一套，即螺钉的数量：螺母的数量=1：2。

师：分析得很好！找出这比例，这比例就是数量关系，那么生产螺钉和螺母相应的数量也应该符合这比例，对吗？

生（齐）：对！

师：请尝试列方程。

师：根据巡堂的结果，这里是这样的数量关系：

$$\frac{钉}{母} = \frac{1}{2} = \frac{30x}{50 \times (22-x)}。$$

师：上述是分式方程，我们七年级没有学分式方程，我们可以利用小学知识的"交叉相乘积相等"，转化为一元一次方程：$50(22-x) = 2 \times 30x$。

解：设安排x名工人生产螺钉，则安排（$22-x$）名工人生产螺母。

$50 \times (22-x) = 2 \times 30x$，

解得$x=10$，

生产螺母：$22-10=12$（名）。

答：安排10名工人生产螺钉，安排12名工人生产螺母。

（三）学以致用

练习3：填空。

（1）已知2个大齿轮与3个小齿轮配成1套，若要配套，则大齿轮总数：小齿轮总数=_____：_____。

（2）1个瓶身与2个瓶底配成1套，若要配套，则瓶身总数：瓶底总数＝＿＿＿＿＿＿：＿＿＿＿＿＿。

（生练习，师巡堂面批，师生核对答案）

练习4：某车间每天能生产甲种零件180个或乙种零件120个，甲、乙两种零件分别取3个、2个才能配成1套，那么要想在30天内生产最多的成套产品，怎样安排生产甲、乙两种零件的天数？

师：这是什么类型的应用题？

生（齐）：配套问题。

师：你是怎样知道的？

生（齐）：成套产品。

师：对！请同学们在模仿例题列表中填表，分析题意。

（生填表，师巡堂进行个别辅导）

表4-3　模仿例题列表

产品	每人每天生产的数量/个	安排的人数/名	相应的数量/个	比例
甲				
乙				

师：设安排x个工人生产甲零件，则安排（$30-x$）个工人生产乙零件。

（投影一个学生的列表，见表4-4）

表4-4　一个学生模仿的例题列表

产品	每人每天生产的数量/个	安排的人数/名	相应的数量/个	比例
甲	180	x	$180x$	3
乙	120	$30-x$	$120（30-x）$	2

$\dfrac{甲}{乙}=\dfrac{3}{2}=\dfrac{180x}{120\times（30-x）}$，则

解：设安排x个工人生产甲零件，则安排（$30-x$）个工人生产乙零件。

$3\times120（30-x）=2\times180x$，

解得$x=15$，

生产乙零件：$30-15=15$（天）。

答：安排甲生产零件15天，安排乙生产零件15天。

（师点评后，让生改正）

练习5：用铝片做听装饮料瓶，每张铝片可制瓶身16个或瓶底43个，1个瓶身与2个瓶底配成1套。现有150张铝片，用多少张制瓶身，多少张制瓶底正好可以制成整套的饮料瓶？

（生列式、对答案、改正）

练习6：某糕点厂中秋节要制作一批盒装月饼，每盒中装2块大月饼和4块小月饼，制作1块大月饼要用0.05kg面粉，一块小月饼要用0.02kg面粉。现共有面粉4500kg，问制作两种月饼应各用多少面粉，才能生产最多的盒装月饼？

（生思考、列表、列式）

师：我们一起分析题意，先看看表4-5。

解：设用$x$kg面粉制作大月饼，则用（4500-x）kg制作小月饼。

表4-5 月饼分析表

形状	每1块月饼所用的面粉质量/kg	制作的面粉质量/kg	相应的数量/块	比例
大	0.05	x	0.05x	2
小	0.02	4500-x	0.02（4500-x）	4

生3：教师，不对，相应的数量的表示有误，数量应该是面粉质量除以每个月饼所用的面粉质量。

师：哦，教师错了！这也是大家容易出错的地方，计算相应的数量，很多学生受到以上题目的干扰，直接错写为：0.05x及0.02（4500-x），请这样做的同学反向思考一下，每份数乘以总数等于什么？显然不对，应该是什么？

生4：应该是总数除以每份数等于份数。

师：对，我们必须抓住大小配套数量之比等于大小数量之比，这里的数量相当于份数，理解为可做成多少个月饼，而不是面粉的总数，这里的相应数量等于面粉总数除以每个月饼所需面粉质量。

（生马上纠止表格的错误，师投影一个生的列表，见表4-6）

表4-6 学生填写的月饼分析表

形状	每1块月饼所用的面粉质量/kg	制作的面粉质量/kg	相应的数量/块	比例
大	0.05	x	$\dfrac{x}{0.05}$	2
小	0.02	4500-x	$\dfrac{4500-x}{0.02}$	4

学生根据表格列式，教师巡堂、面批，教师投影正确的解答过程，学生核对并纠正答案。

小结：解有关配套问题的应用题，关键是抓住各数量配套之比等于数量之比来列方程，再交叉相乘转化为一元一次方程。

（四）拓展提升

练习7：某服装厂要生产一批某种学生服，已知每3m长的布料可做上衣2件或裤子3条，1件上衣和1条裤子为1套，计划用600m长的这种布料生产学生服，应分别用多少布料生产上衣和裤子，才能恰好配套？共能生产多少套？

（生独立审题及列表、列式，见表4-7，再进行小组合作讨论）

表4-7 某服装厂生产列表

类别	每件需要的布料长度/m	制作的布料长度/m	相应的数量/件	比例
上衣	$\frac{3}{2}$	x	$\frac{3}{2}x$	1
裤子	$\frac{3}{3}$	$600-x$	$\frac{3}{3}(600-x)$	1

师：大家理解"每"字，每3m长的布料可做2件上衣或3条裤子，换句话说，做一件上衣需要多少米布料？做一条裤子需要多少米布料？

生4：做一件上衣需要$\frac{3}{2}$m布料，做一条裤子需要$\frac{3}{3}$m布料。

师：非常精彩。

学生继续列式、教师巡堂、投影正确答案、学生纠正答案。

（五）小结

师：今天我们学习一元一次方程与实际应用的配套问题，希望同学们审题时抓住"配套"这一关键词和配套所成的比例关系进行列式。

四、课例分析

应用题教学往往是数学教学的硬骨头之一，教师认为讲授得很清楚，可是学生的反馈总是不理想，这是值得探讨的话题。基于问题解决的理念，突破一元一次方程与实际应用，解锁师生教与学的难点，做好"顺应"的工作。

（一）创设情景——提高学生的应用意识

华南师范大学何小亚教授曾经说过，创设情景有利于提高学生学习兴趣，创设情景要适当，不能半生不熟或离题万丈。以创设情景的形式呈现生活中多种多样的"配套"问题，例如：一套茶具、餐桌椅、螺丝钉、小轿车、学生桌椅、月饼等，这些都是学生日常生活当中常见的物体，学生在课堂中列举他们生活当中所见的物体，例如：口罩、自行车等，呈现生活中有数学，数学源于生活的教学理念，把抽象问题具体化，容易让学生接受，符合学生的认知规律，提高学生的认知水平。除了列举实物，还让学生提取这些物体的配套比例，快速切回本节课的学习，既提高了学生的数学学习兴趣又提高了学生的应用数学的意识。数学是一门具有很强的抽象性及逻辑性的学科，有些应用题比较抽象，除了画示意图帮助理解题意之外，还需要适当地创设情景，帮助学生更直观地理解题意，提高学生应用数学的意识。

（二）学法指导——提高学生的自我效能

"方法为先，思维为本。"学习是一种技术活，有法可依，事半功倍，学不得法，事倍功半。尤其是一元一次方程与实际问题，学生在未来的两年半时间接触的二元一次方程组、分式方程、一元二次方程的实际问题，都是以一元一次方程应用题为基础，变换列式形式就成为其他的方程了。可见，学习一元一次方程应用题是应用题系列中基础的基础。之所以应用题成为学生的畏惧题之一，是因为学生没有掌握解应用题的方法，没有准确地找到相等关系，以致自我效能感低。教师在学习应用题时告知学生答案，不能停留在"告知"，而是要指导学生如何做题，具体到如何审题，即圈画关键词、关键句，寻找解题思路，根据问题对应的公式把关键句翻译成方程式，解答后继续回顾解题是否正确等。七年级的学生需要按不用类别的应用题采用边讲边练层层递进的方式进行讲授，打好一元一次方程应用题的基础，为后续的方程应用题学习做好铺垫。学生掌握学习方法，就很容易精准地解题，随着正确率的提高，学生的自我效能感增强，学生的问题解决能力得到持续提高，这正是我们"千教万教，教人求真"所期盼的结果！

（三）留出时间——提高学生的思辨能力

听过广州大学曹广福教授的讲座，他十分重视培养学生的思辨能力。思辨在词典中有思考辨析的意思。数学是一种非常实用的技术和工具，是一种强大的生产力，是推动社会发展的一门学科。事实上，义务教育阶段的数学教育是一种公民教育，它不仅要求学生会解数学题，更要求学生学会思考。学生的未来会遇到不同的挑战——一些人需要学习或研究更多的数学问题，对他们而言，是否能够"思考数学"非常重要；另一些人（他们是受教育的学生中的绝大多数）就业以后基本上不需要解纯粹的数学题（除了参加数学考试），对他们而言，"思考数学"是一种需要，但更多的或许是能否进行"数学的思考"，即在面临各种问题情境（特别是非数学问题）时，能够从数学的角度去思考问题，能否发现其中所存在的数学现象并运用数学的知识与方法去解决问题。我们需要教会学生数学最本质的东西，用数学的思考方式解决问题。在课堂中加强学生的思辨能力，想方设法让学生在数学课堂上多思考，多辨别，就得留出空白时间让学生去"填空"，学生越填越不空，在成就了学生的同时也成就了教师自己，体现了教学相长。这"思辨"过程正是问题解决中"分析问题、解决问题"的过程。

（四）因势利导——提高学生的质疑能力

孔子曰："疑是思之始，学之端。"学贵有疑，小疑则小进，大疑则大进。张仁贤指出，推进问题意识与质量，将有助于激发学生学习的兴趣，由学生那方提出的疑问，更接近学生学习的思维现状，激发他们的探索欲，质疑正是培养学生主动探究、合作学习的最佳途径。在教学中，教师应让学生自主读书，大胆质疑。常有疑点，常有问题，才能常思考，常有创新。

学生在数学学习过程中有足够的思维时间和空间、有自由表达自己解决问题思路的宽松氛围、有与同伴交流的机会……在课堂中教学不能仅仅停留在"模仿、识别、记忆、练习"等重复性学习活动，不妨改变一下教学方式，教师故意犯错，"等待"学生通过质疑来"纠错"，哪怕是一个学生产生质疑，这质疑成了一个鲜活课堂的"问题驱动"，驱动师生共同解决教师编织的"美丽的错误"，求得真知。若课堂中没有如愿地被学生识破教师预设的"错误"，则教师必须自导自演地纠正"美丽的错误"，不误导学生。学生质疑能力越强，学生的解题能力越强，学生的质疑正是倡导中的"发现问题"。

五、结束语

一节课的讲授，是一个教师教学风格的缩影，透过缩影发现教师授课的优点和缺点，目的是把课堂教学的功能发挥到最大值。在问题解决教学方面，我们已基本上总结出一套教学方法，能让学生认真审题、根据题意设未知数、按相等关系列方程和解答，我们把应用题分门别类地教授学生，学生的作答效能感提高，一旦在类别范围之外的应用题，则需要加强培养学生的高阶思维和核心素养，不能只是停留在机械模仿和套入公式的教学模式，这是我们今后需要努力的方向。

问题解决无论在哪个学段的教学都显得尤为重要，它有利于培养学生更好地掌握数学知识和解题技能，有利于培养学生综合运用知识解决实际问题，有利于培养学生的创新精神，这正是数学教师为学生的发展而努力的方向。课堂是教师的教和学生的学的主阵地，今后，我们将继续努力打磨每一节课，不断驱动学生的数学发展，实现让学生用数学的眼光看世界的目的。

提高初中生数学问题解决能力的
教学实例

　　学生进行问题解决时出现"吃不饱"或"吃不下"的情况，主要问题是在数学教学中"重结果，轻过程，略过程与方法"。为了提高学生问题解决的能力，外显学生在问题解决过程中的思维，便于教师及时掌握教学反馈，不同的学生得到不同的发展，改变学生的学习方式，笔者提倡教师指导学生进行数学写作。

　　数学写作非常符合课标的要求，数学写作在课内、外都能外显和提高学生的思维，课堂中采用数学写作的方法，有效提高教学的可学程度和直观性，有利于提高学生的问题解决能力，下面以三个实例说明。

　　有关实际应用题包括一元一次方程应用题、二元一次方程应用题、不等式和不等式组的应用题、分式方程应用题、函数应用题。学生学习应用题很困难——题目篇幅长、背景偏离学生的生活实际、不会找等价关系和列式子，导致学生畏惧应用题，我们不妨化解应用题的难度，培养学生解应用题的习惯，帮助他们有效地攻破应用题难关。

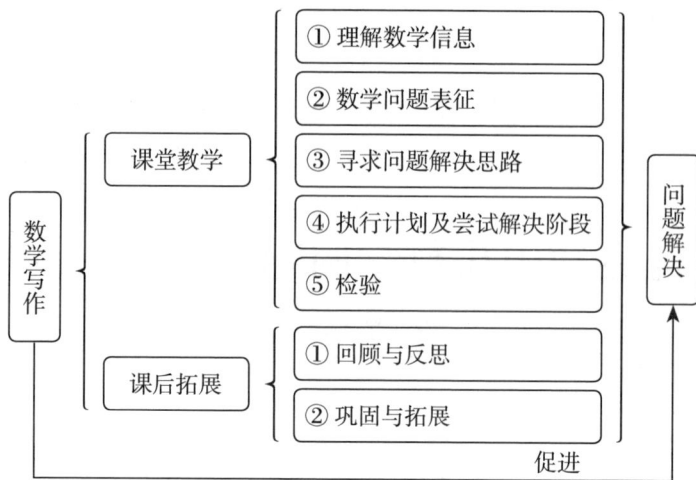

图4-10 数学写作流程图

例1：一艘轮船在静水中的最大航速为20km/s，它沿江以最大航速顺流航行100km所用时间，与以最大航速逆流航行60km所用时间相等，求江水的流速。

（1）该题涉及_____问题。（填：行程、工程、配套……）

（2）所涉及的应用题公式：_____。

（3）题目哪些语句反映等价关系：_____。

（4）把例1的语句用简单文字公式表示：_____。

（5）根据题意设未知数：_____。

（6）根据题意列表格，见表4-8。

表4-8 一艘轮船的行驶分析表

流向	路程/km	航行速度（km/h）			时间/h
		船在静水中的速度	水流速度	航行速度	
顺流航行					
逆流航行					

（7）列式子为：_____。

（8）解，检验：_____。

解：设江水的速度是x千米/小时，根据题意得：

$$\frac{100}{(20+x)}=\frac{60}{(20-x)}$$

解得$x=5$

检验：当$x=5$时$(20+x)(20-x)\neq 0$

$\therefore x=5$是原方程的解

答：江水的速度是5千米/小时。

分析：本例题是顺流逆流的行程问题，船在静风中自有速度，水流也有速度，水流速度影响船的实际航行速度，分为顺流和逆流，顺流的航行速度=船在静风中的速度+水流速度，逆流的航行速度=船在静风中的速度−水流速度，本题抓住"以最大航速顺流航行100千米所用时间，与以最大航速逆流航行60千米所用时间相等"，根据行程公式：时间=路程÷速度，得到：顺流时间=顺流路程÷顺流速度，逆流时间=逆流路程÷逆流速度，即：$\dfrac{顺流路程}{顺流速度}=\dfrac{逆流路程}{逆流速度}$，从而列出以江水的流速为未知数的分式方程。

例2：学校准备购进一批课桌椅，已知1张课桌的售价和3把椅子的售价一样，5张课桌和5把椅子共需1000元。①求1张课桌和1把椅子的售价各是多少元？②学校准备购进这样的课桌椅共500张，并且椅子的数量不多于课桌数量的2倍，请设计出最省钱的购买方案，并求出最少总费用是多少？

（1）该题涉及_____问题。（填：行程、工程、配套……）

（2）所涉及的应用题公式：_____。

（3）题目哪些语句反映等价关系：_____。

（4）把例2的语句用简单文字公式表示：_____。

（5）根据题意设未知数：_____。

（6）根据题意列表格，见表4-9。

表4-9　关系式记录表

关系	列关系式
等价关系1	
等价关系2	

（7）列式子为：_____。

（8）解，检验：_____。

解：（1）设每把椅子x元，每张课桌y元，根据题意得：

$$\begin{cases} y=3x \\ 5x+5y=1000 \end{cases}$$

解得 $\begin{cases} x=50 \\ y=150 \end{cases}$

答：每把椅子50元，每张课桌y元。

（2）设购买a把椅子，则购买（500-a）张课桌，根据题意有：

$50a+150（500-a）=75000-100a$

∵椅子的数量不多于课桌的数量的2倍

∴$a \leq 2（500-a）$

∴$a \leq \dfrac{1000}{3}$，a是正整数

∴当$a=333$时，$75000-100 \times 333=41700$（元）

答：购买333把椅子，167张课桌时费用最低是41700元。

分析：①中根据题意可以列为：1张课桌的售价=3把椅子的售价，5张课桌总价+5把椅子总价=1000。②总费用=桌的费用+椅的费用。

在课堂中，把讲解一系列应用题浓缩为上述的学习资料，第1点是理解数学信息，第2点是数学问题表征，第3、4、5、6点是寻求问题解决思路中，第7、8点是执行计划及尝试解题、检验，条理清晰地推动学生思考。通过这样的预案，明了而高效地在课堂教学中开展理解数学信息、数学问题表征、寻求问题解决思路执行计划、尝试解决和检验五个步骤，课后可以让学生根据这学习资料进行举一反三，进行练习以及拓展提升。实现课内、外都外显和提高学生思维的目的，简单明了的构思大大减少了学生学习应用题的困难度，精准地分析题意提高了学生的解题正确率，讲授和学习都非常轻松，边讲边练，引发学生当场写作的想法，留有学习痕迹，这种方式深受师生的欢迎。

例3："变量与函数"的课前预习及概念教学。

一、课前预习

预习课本并思考下列问题：

汽车以60km/h的速度匀速行驶，行驶路程为$s$km，行驶时间为th，请填写表4-10。s的值随t的值的变化而变化吗？

表4-10　行驶时间与路程的关系表

t/h	1	2	3	4	5	……
s/km						

这里不变的量是_____，会变化的量是_____。

（一）常量

数值_____的量叫作常量。如上面问题中的常量是_____。

（二）变量

数值_____的量叫作变量。如上面问题中的变量是_____。

（1）1支圆珠笔的单价为2元，购买x支圆珠笔，总价为y元，则$y=$_____；在这个式子中，变量是_____，常量是_____。

（2）若圆的面积为S，半径为r，则$S=\pi r^2$，其中常量是_____，变量是_____。

二、新课引入

（1）函数：一般地，在一个变化过程中，如果有两个变量x与y，并且对于变量x的每一个确定的值，变量y都有_____的值与其对应，那么我们就说x是自变量，y是x的函数。如果当$x=a$时$y=b$，那么b叫作当自变量的值为a时的函数值。

（2）函数解析式：用关于自变量的数学式子表示_____与_____之间的关系的式子叫作函数的解析式。

（3）汽车以60km/h的速度匀速行驶，行驶路程为$s$km，行驶时间为th，s的值随t的值的变化而变化。则这个问题中自变量是_____，_____是_____的函数，函数解析式为_____。

（4）正方形的周长C随着边长x的变化而变化，则这个问题中自变量是_____，_____是_____的函数，函数解析式为_____。

数学教学不仅要重视教授学生知识和技能，还要重视培养学生的核心素养。数学写作能实现课内、外都外显和提高学生的思维，以课堂教学为主，课后拓展是课堂教学的延伸，既能提升学校教学质量、提升教师业务水平，同时，提升学生的核心素养，让学生懂得深、记得牢，实现以写促学、以学促教。

任务驱动式的数学写作在课堂教学中的应用案例

——以"用加减消元法解二元一次方程组"为例

　　教育是为国家培养建设者和接班人的重要手段，根据国情，党提出"立德树人"和"双减"作为教育的方向，如何既做到"立德树人"，又做到"双减"，更要做有品质的教育，尝试做到"鱼和熊掌兼得"，这是值得探讨的话题。课堂是教育的主阵地，设计好课堂至关重要。

一、政策理论

　　任务驱动指在学习的过程中，学生在教师的帮助下，紧紧围绕一个共同的任务中心，在强烈的问题动机的驱动下，通过对学习资源的积极主动应用，进行自主探索和互动协作的学习，在完成既定任务的同时，引导学生学习实践。

　　通过中考命题改革带动基层课改，构建"一核·六维·四手段"中考命题理论体系，其中"六维"是立足学科素养、加大开放探究、注重阅读能力、关注表达交流共享、借鉴PISA测试理念、落实课程标准中的活动建议。

《义务教育数学课程标准（2022年版）》指出"课程目标以学生发展为本，以核心素养为导向，进一步强调使学生获得数学基础知识、基本技能、基本思想和基本活动经验（简称'四基'）的获得与发展，发展运用数学知识与方法发现、提出、分析和解决问题的能力（简称'四能'），形成正确的情感、态度和价值观。"这指明数学课程培养学生的核心素养是"会用数学的眼光观察现实世界、会用数学的思维思考现实世界、会用数学的语言表达现实世界。"

建构主义认为，通过教师的设计，让学生自己发现问题和解决问题，从中获得相关的知识，形成解决问题的技能以及自主学习的能力。

裴光亚先生说："教育价值是教学设计的灵魂。"从学生学习的角度来看，为什么学是教学价值所在，也是教学设计的起点。可见，教学设计在数学中的重要意义。

二、案例描述

笔者为了探讨有关教学质量的问题，特意重上了同一节内容的校级公开课，这次在原来的基础上修改了一些教学设计，旨在寻求更适合发展学生核心素养的教学方法。

数学活动一

探索用"加减消元法"解二元一次方程组，已达到温故知新的效果，让学生自主探究加减法，根据计算过程及结果进行总结归纳用"加减消元法"解二元一次方程组的一般规律，即同一个未知数的系数互为相反数时两式相加，同一个未知数的系数相同时两式相减，从而达到消元的目的。前置作业是"刻意留白"，方便学生根据自学课本后再运用方法解题。鼓励学生经过自主学习课本后进行探究，体现"先学后教"的教学理念。

从上课的效果看，学生学得没那么轻松，不是由教师"一一备好材料，等待学生轻装上阵"的状态，而是通过学生自主研读课本，推敲例题的做法，鉴于任务驱动，一些不懂如何完成前置作业的学生向优秀的学生请教，一帮一，至少有一部分学生能在上课前自主建构用"加减消元法"解二元一次方程组，学生的自学成就感暴露在笑容上，小组合作讨论和传帮带的积极性发挥得较好，会的学生乐意教不会的学生，不会的学生乐意被会的学生教，学生的解题印象也较为深刻。教学设计见表4-11。

表4-11　教学设计

前置作业	$\begin{cases} 2x+y=1 \\ 4x-y=5 \end{cases}$	$\begin{cases} 2x+y=0 \\ 2x-3y=4 \end{cases}$
以前的探究设计	1.用"代入消元法"解。 2.探究另一种解法： 做法1：①式+②式化简得：_____。 做法2：①式-②式化简得：_____。 做法3：②式-①式化简得：_____。 我发现：上述第___种做法运用了二元一次方程组的"消元"思想，所得的一元一次方程为：_____，解得未知数___=___，求另一未知数：_____。 ∴原方程组的解是$\begin{cases} x= \\ y= \end{cases}$	1.用"代入消元法"解。 2.探究另一种解法： 做法1：①式+②式化简得：_____。 做法2：①式-②式化简得：_____。 做法3：②式-①式化简得：_____。 我发现：上述第___种做法运用了二元一次方程组的"消元"思想，所得的一元一次方程为：_____，解得未知数___=___，求另一未知数：_____。 ∴原方程组的解是$\begin{cases} x= \\ y= \end{cases}$

续 表

前置作业	$\begin{cases} 2x + y = 1 \\ 4x - y = 5 \end{cases}$	$\begin{cases} 2x + y = 0 \\ 2x - 3y = 4 \end{cases}$
以前的探究设计	3. 师生归纳。 $\begin{cases} 2x \boxed{+y} = 1 & ① \\ 4x \boxed{-y} = 5 & ② \end{cases}$ 当同一个未知数的系数＿＿＿时两式相＿＿＿。	3. 师生归纳。 $\begin{cases} \boxed{2x} + y = 0 & ① \\ \boxed{2x} - 3y = 4 & ② \end{cases}$ 当同一个未知数的系数＿＿＿时两式相＿＿＿。
现在的探究设计	1. 用代入"消元法"解。 2. 探究另一个方法。 3. 师生归纳。 $\begin{cases} 2x \boxed{+y} = 1 & ① \\ 4x \boxed{-y} = 5 & ② \end{cases}$ 当同一个未知数的系数＿＿＿时两式相＿＿＿。 依据：＿＿＿。 4. 比较两种解法哪种较简便。	1. 用代入"消元法"解。 2. 探究另一个方法。 3. 师生归纳。 $\begin{cases} \boxed{2x} + y = 0 & ① \\ \boxed{2x} - 3y = 4 & ② \end{cases}$ 当同一个未知数的系数＿＿＿时两式相＿＿＿。 依据：＿＿＿。 4. 比较两种解法哪种较简便。

数学活动二

课堂继续进行，到了例题学习的时刻，笔者大胆让学生说解法及步骤，让其他学生静听讲解，利用学生之间的友谊，讲解学生利用自己通俗易懂的语言与众多学生交流，再投影答案及解题步骤，见表4-12，让学生明确用"加减消元法"解二元一次方程组的步骤，对全体学生都起到激励的作用，加深学生对解题的印象，实现了"教而不教""不教而教"的效果。

表4-12　答案及解题步骤

课堂练习	$\begin{cases} 2x+y=1 & ① \\ 4x-y=5 & ② \end{cases}$
以前的例题教学	教师讲解并示范书写解题过程。 解：_____。 解得：_____＝_____。 把_____的值代入_____式得方程：_____， 解得_____＝_____。 ∴原方程组的解是 $\begin{cases} x= \\ y= \end{cases}$
现在的例题教学	教师让学生讨论后叫一个学生讲题，接着投影解题过程和步骤。 解：①+②得：6x=6　　　　→两式相加，化为一元一次方程 解得x=1　　　　　　　　→解得一个未知数 把x=1代入①得2+y=1　　→回代 解得y=-1 ∴原方程组的解是 $\begin{cases} x=1 & →解得另一个未知数 \\ y=-1 & →写方程组的解 \end{cases}$

三、案例探究

随着《义务教育数学课程标准（2022年版）》的发布，我们的教学理念及教学风格也应该随之改变。结合新课标，笔者致力寻找更适合培养学生核心素养的教学方法，对比和发掘更精彩的教学手段。

（一）落实减负提效

为有效减轻义务教育阶段学生过重作业负担和校外培训负担（以下简称"双减"），落实立德树人根本任务，坚持学生为本、回应关切，遵循教育规律，着眼学生身心健康成长，保障学生休息的权利，整体提升学校教育教学质量，作业布置更加科学合理，迫切需要打造高效率的课堂。本文就是利用"前置作业"的任务驱动学生课前自学探究、课中展示交流、课后吸收消化的形式提高学生的数学解题能力，这个过程主要采用"写"的形式以实现深度学习，落实国家提出的"双减"政策，减作业量而不减教育质量。

（二）鼓励学生再创造

弗赖登塔尔提出，数学是一个再创造的劳动，学生做练习题是锻炼和培养思维的重要手段。素养不是教师直接能教出来的，而是学生自己悟出来的。

教学设计立足学生的学情，以大胆"留白"为主，用任务驱动学生自学课本后消化吸收再现解题的过程，学生会自发性互相学习，稍微提醒一下解题要点即可解答。此外，对于 $\begin{cases} 2x + y = 0 \\ 2x - 3y = 4 \end{cases}$，除了用"代入消元法""加减消元法"之外，还有学生想出了另一种整体代入的思想，即把 $2x=-y$ 代入 $2x-3y=4$ 中，得：$-y-3y=4$ 解得 $y=-1$，再把 $y=-1$ 代入 $2x=-y$ 解得 $x=-0.5$。可见，学生的思维发展是可期的，这需要教师给学生创设一个展现的平台。该设计培养了学生自主学习的能力，研读课本材料，探究数学知识方法，一题多解等，体现了"做中学"的教学方式。教师让学生自主学习，学生获得的能力更强，这符合立德树人的要求。

（三）直观与思维争锋

教学设计非常简单，给学生留出空间让学生自主探究，没有明确的提示，最大的提示就是自学课本，自学成功后，再把学到的解法运用到新题目的解答中，整个探究的进程不是非常的顺利，会出现一些差错，但凡自学成功并能正确完成前置作业的学生，他们的效能感特别高，还愿意与其他同学分享解题方法。教学设计比较自由，创造了让学生自学、探索、思考的空间，充分调动了学生的学习积极性，培养了学生的自学能力、探究能力和高阶思维，提升学生的自主学习能力，在学习数学知识的过程中学会学习，这正是培养学生核心素养的目标所在。

大胆让学生说例题，思维清晰的学生能听懂同学说的题，但大部分学生仍停留在似懂非懂的层次，等学生讲完后，师生概括解题步骤，起到"点睛"的目的。

四、结束语

教学设计中的教学活动要立足于学生的认知水平与需要层次，不断引发学生认知冲突，激发学生思维的张力。当下，社会对人才培养观发生了改变，教师的教学理念，教学设计也该随之而变，以便实现教育为社会服务的目标。

初中教学不可忽视"双基"教学，要扎扎实实抓基础、强素质，要充分落实立德树人、"双减"增效和培养学生核心素养的根本任务，呼吁课堂提质增效，提高课堂活动的质量，提高教学设计的质量，课堂需要任务驱动，需要写，这为学生今后的可持续发展蓄力。

以数学写作　提升学习力

——以"平方差公式"为例

北师大版数学七年级下册第一章"整式的乘除"，平方差是新授课，教学时改变了传统"讲练"的反复操练的模式，以问题驱动的方式推动学生参与课堂，调动学生的学习积极性。

整节课教学目标明确，重难点突出，教学方式丰富多样，学生参与度高，教学关注知识的生成，及时给予学生评价，充分体现以学生为主体的教学理念。笔者认真备课、上课，进行课后随笔，整理成文，现与读者分享。

一、课例回顾

（一）引入新课

采用"前置作业"的形式让学生自主探究，主要利用多项式乘以多项式展开，将研究结果与题目之前的关系，通过几个问题完成平方差公式的融入。

计算下列各题，并回答问题：

（1）$(x+2)(x-2)=$ _____

_____

（2）$(1+3a)(1-3a)=$ _____

_____

（3）$(x+5y)(x-5y)=$ _____

_____

（4）$(2y+z)(2y-z)=$ _____

_____

（5）观察上述题目等号左边因式的特点，并用自己的话描述。

_____

_____

（6）观察题目结果与题目的联系，并用自己的话描述。

_____

_____

（7）用自己的话概括上述发现。

_____

_____

（8）请写出推导过程。

_____

_____

在课堂中，学生的确不太会回答（5）（6）（7），经笔者提醒后，有更多的学生知道怎样描述了。笔者让学生讨论了几分钟后让一名学生上台展示答案，该学生的答案有一处错误，笔者让学生认识到自己发现的规律有一些瑕疵，在等待了一分钟后，学生给出了正确答案。一开始创设环境让学生经历自学、思考、讨论、书写、展示的过程，助力提升学生的数学学习能力。

（二）开展新课

1. 平方差公式

（1）两数_____与这两数_____的_____，等于它们的_____。公式：_____。

笔者再一次提出这两数和乘以两数差等于平方差，即$(a+b)(a-b)=a^2-b^2$，指出符合这种结构的整式的乘法才能运用这个公式，否则不能运用。

（2）播放小视频：笔者播放洋葱小视频，让学生边看视频边停顿回答问题，用"手语"来做选择题，效果很好。

2. 秒做练习

（1）$(1+a)(1-a)=$ _____

（2）$(x+2)(x-2)=$ _____

（3）$(b+3)(b-3)=$ _____

（4）$(m-a)(m+a)=$ _____

（5）$(-2+a^2)(-2-a^2)=$ _____

3. 例题学习

利用平方差公式计算：

（1）$(5+6x)(5-6x)$

（2）$(x-2y)(x+2y)$

（3）$(-m+n)(-m-n)$

先让学生判断题目能否用平方差公式，再找公式当中的"a"及

"b"，最后快速写出答案。

4. 学以致用

利用平方差公式计算：

（1）$(a+1)(a-1)$

（2）$(x+2)(x-2)$

（3）$(3x+2)(3x-2)$

（4）$(-4k+3)(-4k-3)$

（5）$(b+2a)(2a-b)$

（6）$(-x-1)(1-x)$

留出时间让学生练习，笔者巡堂指导，学生错得较多的是$(3x+2)$ $(3x-2)$，学生错写为：$(3x)^2-2$，忘记2也需要平方，对于第（6）题，这一题很多学生卡住了。

$$(-x-1)(1-x)$$

解：原式$=-(x+1)(1-x)$

$\qquad =-(1-x^2)$

$\qquad =-1+x^2$

除此之外，让学生讨论是否还有其他的解法。

$$(-x-1)(1-x)$$

解1：原式$=(-x+1)(-x-1)$

$\qquad =(-x)^2-1$

$\qquad =x^2-1$

$$(-x-1)(1-x)$$

解2：原式$=-x+x^2-1+x$

$\qquad =x^2-1$

5. 例题精讲

利用平方差公式计算：$(x+y+z)(x+y-z)$，让学生先思考，学生想不出来，笔者提醒可以把$(x+y)$看作一个整体，学生一下子就明白了，其实应该先让学生多思考，说不定学生能想起多项式乘以多项式，结果发现太复杂，才推导出用平方差公式。

6. 深耕知识

利用平方差公式计算：$(x-y+8)(x-y-8)$。

有了这个例子后，学生做变式练习$(x-y+8)(x-y-8)$就游刃有余了，最后小结平方差公式，笔者特意设疑"$(x+1)(x-2)$能否运用平方差公式吗？"有学生认为可以，有学生认为不可以，有意见不一致的地方，才是会有真知的地方。

7. 课堂小结

$$平方差公式 \begin{cases} 内容：\underline{\hspace{6cm}} \\ 公式：\underline{\hspace{6cm}} \\ 注意 \begin{cases} \underline{\hspace{5cm}} \\ \underline{\hspace{5cm}} \\ \underline{\hspace{5cm}} \\ \underline{\hspace{5cm}} \end{cases} \end{cases}$$

8. 课后拓展

$(m+2)(m^2+4)(m-2)$。

同行的建议：

（1）给学生做练习的时间不够。

（2）需要增加课本的例题2：

① $\left(-\dfrac{1}{4}x-y\right)\left(-\dfrac{1}{4}x+y\right)$。

② $(ab+8)(ab-8)$。

二、课例分析

学习力包括学习动力、学习毅力和学习能力三个要素。在当今知识爆炸的年代，知识更新的速度非常快，学科知识之间的融合力非常大，终身学习成为迫不及待的事情。提高学习力是终身学习的基础，如何提高学生的学习力，成为教师教学工作的一个新课题，值得思考。

（一）指令清晰，明确导向

新课标指出，在与他人合作交流解决问题的过程中，能够严谨、准确地表达自己的观点，并能较好地理解他人的思考方法和结论。教师发出的教学指令非常重要，指令要求非常清晰，不能造成误解或知识失准，失去"明确导向"的作用，误导学生后很难纠正学生的错误，这是值得深思的。课例当中的前置作业，笔者首次采用文字问答题的形式驱动学生思考，促进学生自主学习，鼓励学生把自己的发现及想法用文字或符号表达出来。前置作业中要求学生观察结果的左边与右边的规律，并用自己的话表述这种规律，要求学生之间进行讨论，由学生展示答案，这符合新课标的要求。教师培养学生用数学语言表达与交流的习惯，体验知识生成的过程，即要求学生有自学的动力、思考的毅力、学习的能力，让学生体验了学习力的过程。

（二）示范精准，高度引领

新课标指出，数学是自然科学的重要基础，在社会科学中发挥着越来越重要的作用，数学的应用渗透到现代社会的各个方面，直接为社会创造价值，推动社会生产力的发展。数学在形成人的理性思维、科学精神和促进个人智力发展中发挥着不可替代的作用。教师作为学生的"传道授业解惑"者，必须严格要求自己，提高准确度，避免失误，把握课堂的例题教学的一次性原则，坚决抵制授课有误，一旦第一次登场就错了，学生先入为主，很难纠正过来，不利于提高学生的学习力。教师要确保每一节课精准无误，包括审题、解题、格式等一系列的内容，不能太随意教学，虽然重视师生的生成知识，但是也要做适当的预设，高度引领学生，若讲解有误，一定要及时纠正错误，切忌误导学生。

（三）设计精当，高深延伸

新课标指出，立足培养学生的"四能"，同时帮助学生形成正确的情感、态度和价值。教学设计是课堂教学的灵魂，好的教学设计是高质量的课堂的前提条件，在本节课，笔者设计了以下的教学环节：讨论前置作业—引入新课—秒做练习—例题学习—学以致用—例题精解—深耕知识—课堂小结—课后拓展。此外，提及平方差公式的来源，以此激发学生的学习，体恤学生的数学学习的枯燥，继承和弘扬中华优秀传统文化，鼓励学生向前辈学习，攀登数学高峰。本课例全方位落实平方差公式的教学，重在培养学生的"四基"和"四能"，重视学生的一题多解，兼顾了基础教学与拓展教学，授课内容充满穿透力，重视学生的内化知识，提高学生的学习力，实现了不同的学生在数学学习上有不同的发展。

三、深耕展望

为了提高学生的学习力，值得在一线教学中不断总结、尝试、提炼。

（一）前置探究，加强衔接

数学知识之间是环环相扣的，新知识一般都是通过旧知识推导而来的，本案例的前置作业给学生创设了自主学习及合作探究的机会，承前继后，由多项式乘以多项式的方式发现平方差公式，衔接紧密，过渡自然，符合学生的认识规律，立足学生的"最近发展区"，让学生体验"跳一跳，可摘到"的"做中学"，不断提高了学生的学习力。

（二）创设留白，驱动思考

在课堂中，经常体现教师满满的焦虑感，担心学生学不会，不敢放手让学生自主探究及思考，教师总是包办学生的思考、探究、自学过程，剥夺或中止学生的探究过程，总是催促学生要高效，结果却事与愿违。只有学生亲身经历过才会印象深刻，为了提高学生的学习力，教师要舍得花时间让学生自主思考和探究，留白，等待学生来解决问题，从学习者的角度倾听学生的习题展示。

（三）允许犯错，及时整改

在公开课中，教师不要害怕学生出错，学生有出错的地方，正是学生与真知交锋的时刻，也往往是学生"学会"的时刻，要勇于让学生试错，学生错了，教师纠正了，这对于师生来说也是一种学习，学生学着如何把错题做对，教师学着如何把知识讲好。

教师不要害怕学生在做数学题时出错，学习是可以试错犯错的，重点是要知错能改，有部分学生的确是学习能力强，一学就会，但是存在部分学生需要教师帮忙指点才能进步，不断改正错误，这才是学生另一个数学成长的轨迹。在数学教学中，教师培养学生的批判思维，引导学生辨错、析错和改错，这些动作目的是提高学生的学习力，为的是让学生掌握解题方法。

教无定法,立足学生的实际情况,采用适合学生的教学方法才是教学之道。

本文采用课堂的数学写作形式的方法驱动学生学习新知识,推动学生学习和发展数学核心素养,让数学课堂彰显数学的味道。

在应用实践中彰显
教学魅力

第五章

数学在生活中的实践应用

数游增城

一、选题背景

随着电子产品在市场上不断发展壮大和人民生活水平的提高，越来越多的学生接触到电子产品，生动活泼又具有挑战性的网络游戏深受学生喜爱，很多学生沉迷网络游戏。相比学习而言，学生学习任务重和压力大，学习显得单调乏味，这无形中分散了学生的注意力，学生产生厌学情绪，学习成绩不理想，同时学生还要承受来自学校和家长的压力，这不利于学生的学习及身心发展。七年级的学生没有足够的知识量，只学了有理数、整式的加减及解一元一次方程三个方面的知识点，不足够做有关实际应用的知识类的作品，如何把学生的注意力从网络游戏迁移到数学学习中，成为我们思考的主要方面。学生参考飞行棋，大富翁，贪吃蛇等纸质棋类游戏的具体玩法，把已学的有理数、整式的加减及解一元一次方程的知识穿插进去进行游戏，让学习数学变得有趣，寄娱乐于学习，提高学生的数学学习兴趣。

二、团队在选题上的亮点

选题贴近学生生活，通过游戏的方式使学生巩固了有理数、整式的加减及解一元一次方程的知识，让学生体验自己开发游戏的过程和乐趣，操作性强。具体体现如下。

（1）通过开发游戏，提高学生的核心素养和动手实践能力，培养学生的创新精神，跨学科知识的应用，涉及学科有数学、地理、美术、信息技术等，既增加学生的数学学习兴趣，又丰富学生的课余生活。

（2）游戏的地图加入增城的风景区，具有荔乡特色，借助浓浓的乡土气息，让学生夯实知识的同时，起到培养学生热爱家乡、热爱祖国，渗透爱国主义教育。

（3）纯手工制作，让学生利用废弃纸皮箱进行制作。让"变废为宝"的意识走进校园，提高学生的环保意识。

（4）游戏规则简单易懂，操作有趣，局限性小，课余课后随时随地都可以进行。

（5）游戏辐射面广，具有可持续发展的优势。通过这个游戏可以实现跨年级、跨学科知识的运用。随着学生的继续学习，可以根据课时内谷增加或更换游戏中的题目，实现游戏的持续发展，与课本同步，与学生的学情同步，甚至是切换成其他学科的知识进行操作，达到温故而知新的效果。

（一）提出问题

广州市××中学生源来自增江街及许多条村。少年智则国智，少年强则国强，广州市××中学很多学生沉迷网络游戏，给社会、学校和家庭带来不少的危害，这些游戏影响了学生的身心发展和学习质量。据调查情况表明，作为素质教育的核心——创新精神和实践能力在学习目标中也是体现最弱的方面。在这样的背景下，我们的团队开发了"数游增城"的游戏，不仅可以提高学生数学学习兴趣，还可以让学生在游戏的过程中更了解和熟悉这片生养我们的土地。

（二）研究过程

1. 参赛选手的筛选

本次活动经过消息发布—自主报名—海选面试，根据学生对数学这一学科的热诚程度，精心挑选了6名对数学学习有热情、既喜欢研究问题、又喜欢玩游戏的学生，成立了一个活动小组，对整个方案进行了选题和设计。最终参赛选手确定为：七年级（3）班的卉珊、思莹、昶元和七年级（5）班的心莹、芯羽、颖姿。

2. 确定参赛方向

经过6位同学及两位教师的多次讨论后，根据七年级学生只学了有理数、整式的加减及解一元一次方程的学情，发现难以研究深层次的相关问题。排除了工程应用、科学应用，最后选定了创新设计的这一领域，并且确定是游戏，一款和已学数学知识相关联、具有趣味性、使用便利、操作简单易懂、具有本地特色等特点的游戏。

3. 分工与合作

根据6名学生特长，把活动小组细分为三个小组：命题组、规则组和绘图组。整个游戏的设计过程是分工不分家，除了前期的资料收集，后期都是学生利用周末和中午午休时间集中在一起进行商讨和设计的。

命题组负责游戏所有题目的设计，主要参考教材有课本和练习册，以易错题型为主。规则组负责制定整个游戏的规则和游戏规则的撰写。绘图组负责绘制整个游戏的地图，以及游戏棋子的个性化制作。

4. 实践与调试

在游戏设计之初，绘图组一度想把地图设计成贪吃蛇或锦鲤之类的形态，而规则组则提出了以数轴为模型，设立角色卡、结合数字卡和运算卡，抽取、随机地组成有理数的算式，答对进答错退的规则，这样的设计让游戏更加地灵活，但经过多人实验，发现游戏操作难度大，要么很快到达终点，要么得到的题目很难算，命题组的学生提出固定游戏题目的想法，并由学生平时的常错题和易错题构成，答对就奖，答错就罚。规则组采纳了命题组的意见，调整了策略，把规则修改得更简单，操作性更强，直接设立一些景点进行卡片的抽取，决定去留，并把卡片名定名为机会卡。绘图组则配合其他同学在地图上设计了一些站点，在多次筛选后把地图设定为增城景点的特色文化地图，辅以漫画风格，制作漫画人物棋子来进行呈现。

其间，多人不断玩这个游戏进行测试，发现有时开始的题目难度太大，难以进行，趣味性锐减。然而，学生们并不气馁，经过规则组和命题组的再次讨论，把命运卡的题目进行分类，按题目的难易程度分成三组，由不同站点进行抽取，这样前面的都是简单题，比较容易，越到后面题目越难，眼看快到终点的时候，一不小心遇到难题答错或者不会就要退回去。在研究和调试的过程中，还遇到两棋相遇怎么办、退无可退怎么办之类的问题。

5. 学生制作过程

（1）绘图，制作初稿。

（2）二次绘图。

（3）卡片制作。

（三）游戏成品展示

1. 游戏成品

"数游增城"游戏成品，如图5-1所示。

图5-1　游戏成品

2. 游戏规则

（1）以广州市××中学作为出生地，棋子待命，以牛牯嶂作为终点。参加游戏者轮流抛掷骰子，点数为6可以站在"起点"并多抛一次，先到终点者为胜，所有游戏者都到终点后游戏结束。游戏者到达终点胜出的条件是必须抛到刚好的点数，多出的点数只能往回退。

（2）每一回合，每人轮流抛骰子，所得点数为步数。

（3）两棋相遇，后者留在所在位置，前者被打回出生地，等抛到点数6才能重新站在"起点"。

（4）每当走到地图上的景点，抽取对应的命运卡进行答题，获得相应的奖励与惩罚，参加游戏者一起判断答题者的正误。答题错误的，其他游戏者要为答题者解析题目的正确解法。如遇所有参赛者都判断不出正误的时候可以问教师，但所有游戏者各后退一步，答题者重抽一次命运卡，（详见附件）继续进行游戏。

抽A组的景点：挂绿湖、雁塔、何仙姑。

抽B组的景点：二龙山、报德寺、湖心岛。

抽C组的景点：莲塘、高山温泉、白水寨。

3. 学生与作品合照

学生合影留念。

（四）总结与建议

学生全程参与"数游增城"游戏开发与制作，教师只是做指导和分工，从设计意图、设计成品的过程见证学生的成长！学生在思考、动手、交流、绘画等方面的能力有所提升，对于七年级的学生来说，是出色的。今后需继续加强绘画、制作的精细性，提高美观度。

三、指导教师点评

这几位七年级学生第一次参与实操性的数学活动，表现非常积极，参与度高，群策群力，选题着实走进学生的学习生活，实操性强，具有现实的积极意义。

亲身经历开发与制作有利于学习数学的游戏，萌发创新雏形，学以致用，效率高，全部学生参与整个开发与制作的过程，符合新课标和新中考政策的要求，深化数学核心素养教学，培养学生的创新精神，培养学生的动手实践能力，提高了学生的学习兴趣，拓宽了知识之间的相互联系与应用，游戏可推广到其他年级或其他学科。

附件：

命运卡

计算：$-1-3$ 答对，前进2步 答错，后退1步	计算：$-10+9$ 答对，前进1步 答错，后退3步	计算：$|+|-5|$ 答对，前进2步 答错，后退到前一个景点	计算：$(-1)^2 \times 2020$ 答对，前进1步 答错，退回起点	化简：$-4 \times (2x-3y)$ 答对，前进3步 答错，后退3步
说出：$\dfrac{1}{2}$的倒数 答对，前进1步 答错，后退1步	说出：100的相反数 答对，前进1步 答错，后退到前一个景点	计算：$21+20$ 答对，前进2步 答错，退后3步	解方程：$x-2(1-3x)$ $=5(x-2)$ 答对，前进1步 答错，后退一个景点	说出-2的倒数 答对，前进1步 答错，后退2步
计算：-20×3 答对，前进1步 答错，后退到上一个景点	计算：$(-25) \times (-4)$ 答对，前进2步 答错，后退3步	计算：$-\dfrac{1}{3} \times 3$ 答对，前进1步 答错，后退3步	计算：$64 \times \dfrac{1}{8}$ 答对，前进2步 答错，后退1步	计算：-1^{2021} 答对，前进1步 答错，后退2步
计算：$|0|$ 答对，前进3步 答错，后退1步	计算：$20 \times \dfrac{3}{10}$ 答对，前进2步 答错，后退3步	用科学计数法表示137000000 答对，前进1步 答错，后退3步	计算：$\dfrac{1}{100} \times 100$ 答对，前进2步 答错，后退1步	计算：$0 \div \left(-\dfrac{6}{5}\right)$ 答对，前进2步 答错，退后1步

续　表

计算：$-1^2×(-2021)$ 答对，前进1步 答错，后退2步	计算：$(-2)^4×\dfrac{1}{2}$ 答对，前进2步 答错，退后退到起点	计算：$-2^2×3^2$ 答对，前进1步 答错，退后1步	9.302精确到0.01 答对，前进2步 答错，退后4步	化简：$5ab^2-8ab^2+3a^2b-a^2b$ 答对，前进2步 答错，后退3步
计算：$77+(-60)-90$ 答对，前进1步 答错，后退5步	计算：$(-8)-(+6)-(-8)+7$ 答对，前进2步 答错，后退3步	计算：$-39-11+70$ 答对，前进1步 答错，退回起点	解方程：$\dfrac{x-3}{-5}=\dfrac{3x+4}{15}$ 答对，前进2步 答错，后退两个景点	解方程：$5(x+1)=-3(x-1)$ 答对，前进2步 答错，后退两个景点
计算：$(-2.4)-[(-2.6)+(-5.2)]$ 答对，前进2步 答错，后退3步	计算：$-12×\dfrac{6}{5}$ 答对，前进3步 答错，退回到起点	化简：$4(a+b)+2(a+b)-(a+b)$ 答对，前进2步 答错，后退3步	化简：$3(x+y)-7(x+y)+8(x+y)^2+6(x+y)$ 答对，前进2步 答错，后退3步	解方程：$6x-7=4x-5$ 答对，前进2步 答错，后退3步
计算：$2×(3-30)+34$ 答对，前进2步 答错，后退4步	化简：$3x^2-2x+5-6x^2+3x-9$ 答对，前进1步 答错，退回上一个景点	解方程：$\dfrac{3y-1}{4}-1=\dfrac{5y-7}{6}$ 答对，前进2步 答错，后退3步	解方程：$5a+(2-4a)=0$ 答对，前进2步 答错，后退3步	解方程：$\dfrac{3x+5}{2}=\dfrac{2x-1}{3}$ 答对，前进2步 答错，后退3步
解方程：$3x=x+4$ 答对，前进1步 答错，后退3步	解方程：$(x-3)(x+2)=0$ 答对，前进3步 答错，后退到前一个景点	计算：$-81÷9$ 答对，前进1步 答错，后退3步	计算：$90-(-10)$ 答对，前进1步 答错，退后2步	计算：$(-1)^{2020}$ 答对，前进3步 答错，后退1步

续 表

用科学记数法表示 96000000 答对，前进2步 答错，后退3步	计算：$(+1)-(-9)+(-3)+(+24)-(-4)$ 答对，前进1步 答错，后退3步	计算：$3\times(-4)-(-5)\times(-2)^2$ 答对，前进2步 答错，后退3步	解方程：$2(x+3)=5x$ 答对，前进2步 答错，后退8步	计算：$-1+|0|$ 答对，前进1步 答错，重抽一张
化简：$(4a^3b-10b^3)+(-3a^2b+10b^3)$ 答对，前进2步 答错，后退5步	解方程：$\dfrac{1}{2}x-6=\dfrac{3}{4}x$ 答对，前进2步 答错，后退3步	计算：$-m-m$ 答对，前进1步 答错，回到起点	计算 $(-1)\times(-10)$ 答对，前进1步 答错，后退4步	解方程：$\dfrac{1}{2}x-6=\dfrac{3}{4}x$ 答对，前进2步 答错，后退3步
化简：$-2(xy+3)-4xy$ 答对，抽多一次 答错，后退2步	计算：-2^2-6 答对，前进一个景点 答错，后退2步	计算：$|-5|\times(-2)^2$ 答对，前进3步 答错，后退2步	化简：$|\pi-4|$ 答对，前进3步 答错，后退4步	说出0的相反数 答对，前进1步 答错，后退2步
计算：$-|-2|\times(-3)^2$ 答对，前进2步 答错，后退2步	计算：$|-1|\times(-2)^3+(-3)$ 答对，前进3步 答错，后退2步	计算：$-|-2|\times(-1)^2$ 答对，前进一个景点 答错，后退2步	化简：$-2(x-y)+4x$ 答对，前进1步 答错，后退2步	计算：$-4-(-2)+(-9)-(-1)$ 答对，前进一个景点 答错，后退2步

节约用水，始于学校

一、问题的提出

广州市××中学的师生使用增江河水，本团队发现学生在用水方面存在以下浪费的现象。

（1）有些学生洗手时将水龙头拧得很大，产生浪费，有时甚至不关水龙头。

（2）洗衣服时多次过水或一直冲洗。

（3）洗澡时间过长，造成浪费。

（4）厕所冲水器坏了，水一直在流。

教师也为了这样的事情多次向学校反映问题，由于需要庞大的整改经费，暂时只能学校内部进行临时整改。为了缓解水资源的匮乏，缓解学校某些浪费水资源的现象，团队着手寻求解决的办法。

基于学校出现上述的水资源浪费现象，本着节约用水、开源节流的初衷，在教师的带领下，组织本团队着手进行实地考察、采访相关人员、查阅资料、思考实验等以解决问题。

二、解决问题的过程

（一）采访财务人员刘教师

为了深入了解有关学校的水费问题，我们走访学校的财务部门，采访了刘教师，了解相关问题，收集了以下的信息：学校水费不按照阶梯式标准收费，而是按事业单位形式收费，水费的单价及水费的总价如下。

水费的单价（元/立方米）=（水费）1.56+（污水处理费）0.95=2.51（元/立方米）。

水费的总价=水费的单价×数量。

学校2023年度水费，见表5-1。

表5-1 2023年度水费统计

名称：广州市××中学

时间	水费（元）	用水量（立方米）
1月	8，483.80	3380
2月	34，246.44	13644
3月	46，653.37	18587
4月	50，855.11	20261
5月	49，705.53	19803
6月	52，451.47	20897
7月	22，534.78	8978
8月	10，258.37	4087
9月	43，902.41	17491
10月	43，292.48	17248
11月	54，125.64	21564
12月	52，699.96	21564
合计	469，209.36	187504

通过表5-1可知，学校在学生上学的几个月里每个月的水费为4万~5万元，这是一笔很大的数目。结合我国水资源匮乏情况，节约用水势在必行。

我们先是了解了学校的情况，发现学校用水量非常多，一个月水费就有4万元以上，平均1立方米的水费就有2.5元，学校一个月用水就17000立方米以上。

（二）实验操作

我们想到水龙头滴水的问题，教师带我们对水龙头进行实验，利用实验法，推测学校水龙头没拧紧漏水情况。

（1）将3位同学分成3组，分别做水龙头没拧紧漏水的实验，先把水龙头拧开，再把水龙头调到处于一条直线往下流水的状态，装满100mL的水，反复做10次，平均仅用1分10秒。

（2）把水龙头拧开，调至水龙头有水珠慢慢往下滴的状态，装满100mL的水，反复做10次，平均用时7分钟。

（3）学校卫生间漏水是严重的现象，教学楼每个年级每层的卫生间几乎都有漏水情况。基于这种情况，我们一起讨论如何测出并算出漏水量，其中郭同学似乎想到了什么，他拿出绳子，开始测水管半径，测出水管r-1.75cm，水管大致长为0.98m，自此我们便陷入难题之中。我们想知道怎么算出水管出水量，于是与教师联手测出了更多数据，如出水时间，水管体积，对此我们虽觉难，但兴致并未减少。

我们分别找三个滴水快的与慢的水龙头，用100mL的量筒分别进行实验，装满100mL的量筒快的水龙头只用了1分10秒，慢点的水龙头用了3分45秒，最慢的水龙头用了7分钟。得到这些信息后就展开了计算。

第一种情况：装满100mL的量筒用了1分10秒，一天的漏水量是

$100 \div 70 \times 60 \times 60 \times 24 \approx 123429$（mL）$\approx 123$（L）。

第二种情况：装满100mL的水，用了3分45秒，一天的漏水量是：$100 \div 225 \times 60 \times 60 \times 24 \approx 38400$（mL）$\approx 38.4$（L）。

第三种情况：装满100mL的水，用了7分钟，一天的漏水量是：$100 \div 7 \times 60 \times 24 \approx 20571$（mL）$\approx 21$（L）。

第四种情况：通过学生的测量得出，卫生间水管的周长是11cm，高是100cm，先计算出水管的容积，再计时得出排完这些水所要的时间是10秒，从而计算一天的漏水量是：$C=2 \pi r$（π取3.14），$r \approx 1.75$cm，$3.14 \times 1.75^2 \times 100 \div 10 \times 60 \times 60 \times 24 \approx 8308440$（mL）$\approx 8308$（L）$\approx 8$（t）。

学校大约有900个水龙头，如果有5%的水龙头没有拧紧而导致漏水，按最慢的漏水计算，一天共漏水$900 \times 5\% \times 21=945$（L）$\approx 1$吨。学校大约有400个厕所位，如果也按5%的出现漏水，那么一天厕所漏水的总数为$400 \times 5\% \times 8=160$吨。因此，每天水龙头和厕所总共会漏掉大约161吨水，一个月在学校22天大约会漏掉$161 \times 22=3542$吨水，一年在学校大约220天会漏掉$161 \times 220=35420$吨水，漏下的水基本上够学校用两个月。

（三）采访学校办公室秦主任

我们团队去学校办公室找秦主任确认学校的人数，获得以下的数据：学校共有167位教师，其中后勤教师62位，共有2053名学生，全校约有900个水龙头，约有400个厕所位。每天浪费如此大量的水，这需要引起学校的高度重视。

（四）采访地理陈老师

采访学校地理教师，陈教师耐心地给我们介绍我国水资源匮乏的现状，以及如何保护水资源等知识，让我们收获满满。

三、结论

针对学校水资源浪费的现象，我们一起讨论，想出以下的做法进行措施整改。

（1）看见厕所冲水器坏了，要及时报修和修理。

（2）在别人浪费水时，及时劝阻或制止。

（3）建议学校把水龙头换成定量出水装置。

（4）宿舍洗衣水循环利用，废水用于冲厕所、拖地等。

（5）建议学校饭堂把洗蔬菜的水收集起来灌溉绿植。

（6）开展节俭用水的宣传活动，如绘画比赛、征文比赛、书法比赛、演讲比赛。

（7）学校把"节约用水"纳入文明班评比。

（8）学生不能用脚踩水阀，而是用手按动水阀，若发现水阀没有归位，则需要人工再次按动水阀直至归位。

（9）建议学校发动全体师生达成共识：节约用水，人人有责。发现有漏水现象，应立刻采取行动节约用水。

（10）制作温馨提示节约用水的标语贴到宿舍区里，提醒同学们节约用水。

四、学生感想

远林：在教师的推荐下，我和两位同学参加"节约用水"的活动。我们主要研究时间是中午和课间，在我们的测试计算下，得出上完厕所冲水，不把按水关上一天会浪费很多水，一个厕所7个水龙头，忘关5个一个月就会浪费不下百吨的水。虽然计算过程很难，但是收获的知识和付出的精力成正比，激起我们对数学的兴趣。通过这次活动我收获满满，不仅收获很多知识，还锻炼了思维能力。

子恒：在教师推荐下，我和另外两位同学一同参加"节约用水"活动，在实验过程中遇到过阻碍，但都一一解决，在这次比赛中我们通过计算数据，从中学到许多新知识，如物理、地理、数学方面的知识，也学到在课堂中学不到的知识，收获满满。

宇轩：在教师的推荐下，我与两位同学参加"节约用水"活动，主要研究时间是中午，经过不懈努力，得出了上完厕所不关水阀会浪费很多水，一个月将会浪费数百吨的结论，这是一个巨大的数额，也提醒我们要节约用水，从个人做起。在整个过活动中，不但对每位成员的能力有所提升，丰富经验的同时也提高我们的数学思维能力。通过这次活动我学到许多新知识，希望我们能保持一颗热爱数学的心，继续挖掘生活中的数学。

紫柔：通过这次活动，让我了解到水虽是生活中不可缺少的，节约用水是最容易被忽略的。还让我们知道了水的珍贵之处。在实验中我们获得了快乐，受到了极大的启发，让我们受益匪浅。

宇轩："水是生命之源"，通过这次活动，让我深刻感悟到水的重要性。我们一个细小的举动，都会达到节约用水的目的，让我增长知识了。

锐华：虽然这次活动我们付出了大量的精力，但是也让我们收获了很多，让我知道了一分耕耘一分收获的道理。

政源：一次次提出问题、实验，得出结论离不开每位成员的努力。这次活动不仅让我们学到了在课本中学不到的知识，还开拓了思维，增长了见识。

五、选题的亮点

（一）选题走进生活

随着生活水平的提高，物质丰富了，学生的节俭意识淡薄了，开源节流的优良传统需要传承下去，我们以身边的问题为契机，实现既解决问题，又发扬我国的优良传统的目的。

（二）提高学生的问题解决能力

数学问题来源于生活，也应用于生活，让学生体验数学的实用性，学以致用，实现利用跨学科知识解决问题，进一步提高学生问题解决和探究的能力，激发学生的学习积极性。

六、教师点评

教师一致认为，学生通过齐心协力参与这次活动，能提高学生的问题解决能力、应用数学的能力、动手操作的能力，体现了数学来源于生活，并应用于生活，符合当下新课标对学生的培养要求，践行了数学核心素养的教学内容，打开了学生的数学视野。此外，我们还可以鼓励学生今后继续研究电费、煤气费等问题，把数学与生活联系起来，发挥数学提高生活质量的魅力。教师为这一团队的学生点赞，点赞他们迎难而上、勇于实践、大胆思考和实践的精神。

九年级学生近视患者成因调查报告

一、选题亮点

选题源自学生生活，通过选题研究模式进行调查和分析，获得有价值的数据，并结合数学与生物学科的知识分析问题，学生可以体验学以致用的价值。让学生整合多学科知识，体会知识的魅力。让学生初步体验选题研究的魅力，在学生心中播下"科研"的种子。具体体现如下。

（1）学生能运用现代信息技术绘制不同的统计图来分析数据，能综合运用生物学知识和生活常识对近视患者进行分析，解决实际问题。

（2）学生能根据实际问题设计简单的调查问卷并做数据分析，可从课本、网络等媒体中获得相关的信息和材料。

二、提出假设

随着电子产品在市场上的不断发展壮大和人民生活水平的提高，越来越多的学生接触电子产品，学生使用的时间也越来越长，这就加快了我国近视人数增长的速度。通过选题研究九年级学生近视患者的主要原因是使用电子产品，进行问卷调查。

三、研究过程

本次研究采用了全面调查和问卷调查两种方法，全面调查进行了两次，先由各班派代表进行全面调查班级里近视患者的人数，收集并整理数据，再由各班代表针对班级里近视患者进行问卷调查，以获取信息。具体的数据，见表5-2。

表5-2 数据分析表

班别	1	2	3	4	5	6	7	8	9	10	11	12	13	14
总人数	43	40	43	42	43	41	45	42	43	42	41	44	43	43
近视人数	23	14	20	12	22	19	21	14	20	8	23	19	20	18

学生认为，如果把每个班的近视人数看作 x，总人数看作 y，那么 x 和 y 组成点的坐标，在直角坐标系上所画的图像是十四个离散的点，类似一条直线。经过计算得出 $y=0.5x+33$ 比较接近各个班的数据，如图5-2、图5-3所示，但是有些班级近视人数比较少，这条函数解析式与一些班级实际数据并不完全吻合，但这适用于大多数班级。

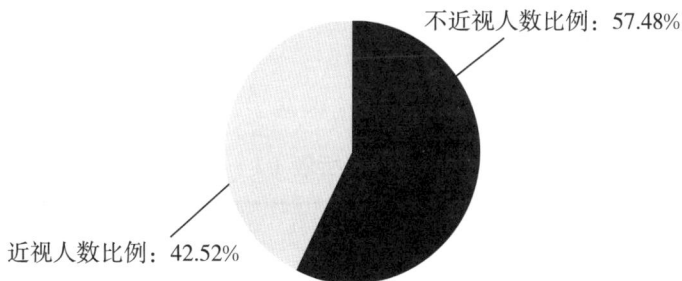

图5-2 九年级近视人数占总人数百分比

不近视人数比例：57.48%

近视人数比例：42.52%

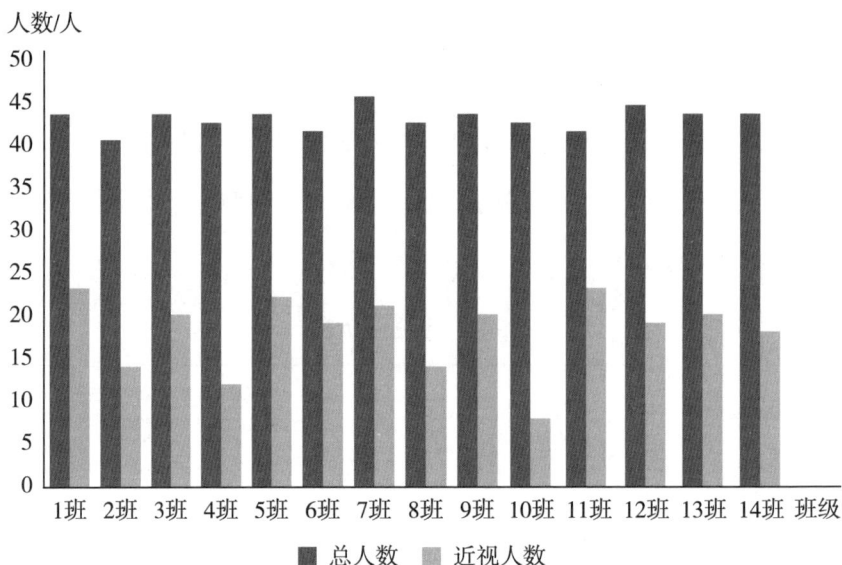

图5-3　广州市××中学九年级各班患近视人数统计

四、归因分析

（一）问卷调查的数据

我们对近视患者进行问卷调查，发出253份问卷，收回250份问卷，247份问卷有效，其中有3份问卷是外宿学生的，没有完成答卷。具体分析见表5-3～表5-7。

（1）你的性别是（　　　）。

　　A.男　　　　　　　　　　B.女

表5-3　分析表（1）

选项	A	B
人数/人	114	133
百分比	46.15%	53.85%

分析：根据统计分析，近视人数较多的是女生，占53.85%，根据数据，男生热衷于户外活动，在室内学习的时间相对少，而女生学习的时间过长，用眼时间过长，容易造成眼部疲劳，此外，随着电子产品的使用，学生经常用电子产品完成网络作业，这也造成视力下降速度过快的原因。

（2）你住在（　　）。

A. 城市　　　　　　　　　B. 城镇（镇街）

C. 城中村　　　　　　　　D. 偏远农村

表5-4　分析表（2）

选项	A	B	C	D
男生人数（人）/百分比	48/42.11%	33/28.95%	29/25.44%	4/3.50%
女生人数（人）/百分比	45/33.83%	68/51.13%	17/12.78%	3/2.26%
总人数（人）/百分比	93/37.65%	101/40.89%	46/18.62%	7/2.84%

分析：经统计，患近视人数多集中于B。城镇（镇街），占40.89%，城镇电子通信产品更新较快，使用频率高，农村电子通信产品更新较慢，农村学生使用电子产品的频率少，农村地方含绿色植物较多，从而近视的人数少。

（3）你在（　　）是开始近视。

A. 小学四年级以下　　　　B. 小学五、六年级

C. 初一、初二　　　　　　D. 初三

表5-5　分析表（3）

选项	A	B	C	D
男生人数 （人）/百分比	18/15.79%	28/24.56%	56/49.12%	12/10.53%
女生人数 （人）/百分比	14/10.53%	62/46.62%	49/36.84%	8/6.02%
总人数/ （人）/百分比	32/12.96%	90/36.44%	105/42.51%	20/8.10%

分析：由数据得，从小学阶段开始近视的人有122个人，大多数同学在初一、二年级开始患有近视，约占总近视人数42.51%，此学段大部分同学开始有自己的手机，手机辐射对眼睛危害大，使用手机的频率增多，进而诱发了近视眼，而且根据调查得知在步入初中的初期学习竞争大，同学们作业量大，用眼时间相对长。

（4）你的近视度数是（　　　）。

A. 100° 以下　　　　　　　B. 100° ～300°

C. 300° ～500°　　　　　　D. 500° 以上

表5-6　分析表（4）

选项	A	B	C	D
男生人数 （人）/百分比	7/6.14%	68/59.65%	28/24.56%	11/9.65%
女生人数 （人）/百分比	5/3.76%	65/48.87%	49/36.84%	14/10.53%
总人数 （人）/百分比	12/4.86%	133/53.85%	77/31.17%	25/10.12%

分析：经调查统计，大部分学生近视度数在100°～300°，其中大多数学生近视原因是学业繁忙，疲劳用眼所致，但少数人近视度数深，还有一部分学生用眼不卫生，在恶劣的光线下学习，或者使用电子产品所致。

（5）你患近视的原因是（　　　）。

A. 遗传因素

B. 后天不注意用眼卫生

C. 过度使用电子产品

D. 受伤或生病导致

E. 其他（请在横线上填写具体的原因）＿＿＿＿＿＿＿＿。

表5-7　分析表（5）

选项	A	B	C	D	E
男生人数（人）/百分比	4/3.51%	11/9.65%	98/85.96%	1/0.88%	0/0%
女生人数（人）/百分比	4/3.01%	36/27.06%	90/67.67%	3/2.26%	0/0%
总人数（人）/百分比	8/3.24%	47/19.03%	18/76.11%	4/1.62%	0/0%

分析：统计数据表明，学生的近视是在后天形成的，占19.03%，过度使用电子产品导致近视的人数最多，占总比例76.11%。

（二）生物学

在调节放松的状态下，平行光线经眼球屈光系统屈折后焦点落在视网膜之前的一种屈光状态，称为近视。这种眼只能看近不能看远，在休息时，从无限远处来的平行光经过眼的屈光系折光之后，在视网膜之前集合成焦点，在视网膜上则结成不清楚的象，远视力明显降低，但近视力尚正常。

近视的发生原因主要为下列两个方面。

1. 内因——遗传因素

高度近视有一定家族遗传史原因。高度近视的双亲家庭，下一代近视的发病率会较高。

2. 外因——用眼方式不当

青少年近视眼以长期用眼距离过近为主要原因。长期过近视物，会导致眼睛调节过度紧张，形成假性近视，不加以改正则会进一步形成真性近视。现代人使用电子设备的时间过长，用眼过度，从而使眼睛疲劳、视物模糊、眼睛干涩，导致近视发生；在夜晚关灯玩手机，手机屏幕光线过强，易造成眼睛的疲劳，导致近视发生。

（三）综合诱因

（1）父母如果有近视眼，子女患近视眼的概率较大。

（2）不良习惯：如走路时看书、坐车时看书等容易导致近视发生。

（3）光线原因：过强或过弱的光线容易造成眼睛视力下降。

（4）看书、看电视、玩手机时间过长容易加重近视的发展。

（5）不恰当的饮食：如偏食、常进食高糖饮料、辛辣食物等易加重近视程度，提倡儿童多食高钙类牛奶、深海鱼油等。

五、总结与建议

综上所述，每个班的近视人数约占班级总人数的20%～55%，大多数人是在初中阶段就患有近视眼，且女生居多，大部分人每隔一至两年近视眼的度数就会加深。通过调查与数据分析，导致学生近视的原因主要有过度使用电子产品、不注意用眼卫生等。

近视的人在失去眼镜的条件下，难以看清物体，甚至无法看清楚向迎面走来的人是谁，认错人的事情也会经常发生，在熟人从身边走过，但看不清的条件下，不敢上前打招呼。由此可见，近视已经严重影响了人们的正常生活，成为危害青少年健康成长的问题之一。

在生物学来讲，近视是因为眼球的前后径过长或者晶状体曲度过大，物象落在视网膜的前方，所以看不清远处的形状。连续看书、看电视、玩游戏机、操作电脑的时间越长，与书本、电视、电脑屏幕的距离越近，发生近视的可能性就越大。为了保护视力，预防近视应该做到"三要"和"四不要"，具体如下。

（一）"三要"

（1）读写姿势要正确，眼与书本的距离在30cm～40cm。

（2）青少年在看书、看电视、看手机和使用电脑40分钟后要休息，要远眺几分钟。

（3）要定期检查视力，认真做眼保健操。

（二）"四不要"

（1）不要在直射的强光下看书。

（2）不要躺卧看书。

（3）不要在光线暗的地方看书。

（4）不要走路看书。

（三）预防近视的方法

没有近视的同学们要行动起来，预防近视要做到以下几点。

（1）看书、写字姿势端正，不能趴在桌子上歪着头学习，不能躺着或坐车时看书。

（2）平时阅读或写字时，书本和眼的距离应保持30cm～40cm。

（3）光线要充足、柔和，不要在阳光直射下学习，最好使用无频闪的灯（白炽灯为最佳）。

（4）不要长时间用眼睛，防止视疲劳加剧，青少年学习、看电视、看电脑连续的时间不能超过40分钟，用眼后应及时休息5～10分钟，向远处眺望，或做眼睛保健操放松调节。

（5）均衡饮食，不挑食，经常摄取含有丰富维生素A的食物，如胡萝卜、西红柿、菠菜或深绿色、深黄色蔬菜、蛋黄、肝脏等都对眼睛有保护作用。

（6）多参加运动，例如：打乒乓球、打羽毛球、打篮球、踢足球、跑步、跳绳等，运动有利于提高身体免疫力，能让眼部肌肉得到放松。

（7）保证足够的睡眠时间，中午稍作休息，晚上早点睡觉，做到不熬夜，让身体器官得到休息，尤其是让眼睛得到休息。

电子产品是科技发展的必然产物，电子产品有它独特的优越性，我们要正确使用电子产品，合理控制使用时长，做到以学习为主，劳逸结合，健康用眼。

此外，还可以实行家校联合教育，携手监管学生健康用眼，减少近视患者的数量。

附件：

问卷调查（近视患者专用，单项选择题）

班别：＿＿＿＿＿＿　姓名：＿＿＿＿＿＿

1. 你的性别是（　　　）。

A. 男　　　　　　　　　　B. 女

2. 你是居住在（　　　）。

A. 城市　　　　　　　　　B. 城镇（镇街）

C. 城中村　　　　　　　　D. 偏远农村

3. 你在（　　　）是开始近视。

A. 小学四年级以下　　　　B. 小学五、六年级

C. 初一、初二　　　　　　D. 初三

4. 你的近视度数是（　　　）。

A. 100° 以下　　　　　　B. 100° ~ 300°

C. 300° ~ 500°　　　　　D. 500° 以上

5. 你患近视的主要原因（　　　）。

A. 遗传因素

B. 后天不注意用眼卫生

C. 过度用电子产品

D. 受伤或生病导致

E. 其他（请在横线上填写具体的原因）＿＿＿＿＿＿＿＿。

本次问卷调查完毕，调查数据只为报告所用，谢谢你的支持与配合！

附 录

LOGO设计比赛

作品1：探索数学宇宙

根据几何图形的组成，设计灵感源于排球的造型，如附图1所示。LOGO中出现的层次感来源于数学的深浅难度不同所设计，处于LOGO中间的朝向深处去的四条隧道，灵感是来源于：数学还有许多未知值得我们去探索和研究。位于LOGO标题左边是数学的量角工具，位于LOGO标题右边是数学资料和计算所需要用的笔，以及分布左右的数学知识，例如：无限且不循环的数 π 、$\sqrt[3]{3}$ 、$\sqrt{2}$ 、$\sqrt{7}$ 、α 、β 等。寓意：人类利用无穷无尽的数学知识来改造世界，让世界变得更美好！

附图1　探索数学宇宙的LOGO

作品2：绿色玩转数学

如附图2所示，两只手构成一个大写字母"M"，"M"代表数学知识，绿叶代表可持续发展的世界，寓意若干个师生携手运用数学知识打造可持续发展的世界，让世界在师生和数学知识的共同作用下茁壮成长，延申可持续发展的道路。此外，本设计的理念是立德树人，实施学生素质教育，培养学生实践和创新精神，倡导师生合作、学生参与、善于思考、乐于探究、勤于动手、合作交流、勇于解决问题，使得世界因为"我们用数学"而更美好！

附图2　绿色玩转数学的LOGO

作品3：魔幻数学

如附图3所示，魔方的变换代表着玩转的意思，魔方上的几个科技蓝大写英文字母"M"代表数学知识，根据数学的英语单词"Maths"中的首写字母，科技蓝的设计寓意玩转数学与时俱进，与现代数字化结合，凸显数学教、学和用的智慧、丰富、多彩，象征学生崇尚科学，能灵活运用数学知识改变人们生活，更好地与经济社会发展、科技进步接轨，鼓励学生勇于探索、勇于创新的科学精神，为早日实现中华民族伟大复兴作出新的贡献，最大限度地发挥数学改变世界的作用。

广州市玩转数学

Guang Zhou Shi Wan Zhuan Shu Xue

附图3　魔幻数学的LOGO

学生作品展示

一、作品类别

笔者经过三年多的研究与实践，总结数学写作的类别，具体的评价指标，见附表1。

附表1　具体评价指标记录表

作品类别	评价指标		
	优	中	差
错题分析	能附上完整的题目，有完整的题意分析，有完整表述正误解答，有详细的归因分析，有方法、反思等的总结。	能附上完整的题目，基本能分析题意，有正解，无误解，有简单的归因分析，有方法总结。	能附上完整的题目，没有题意分析，有正解，无误解，无归因分析，无总结。
好题分享	能附上完整的题目，中、高难度，有完整的题意分析，有详细独到的见解，有方法、反思等的总结。	能附上完整的题目，中等难度，基本能分析题意，简单地描述想法，有总结方法。	能附上完整的题目，容易题，没有分析题意，没有描述想法，无总结。
数学学习状况	内容切题，清晰描述，句子通顺无误，无错别字，文章结构完整，内	内容半切题，基本能清晰描述，句子基本通顺无误，基本无错别字，	离题，描述含糊，句子不通顺，过程有误，有错别字，文章

续 表

作品 类别	评价指标		
	优	中	差
数学 学习 状况	容真实，结合实际，有整改措施。	文章结构基本完整，内容接近真实，结合实际，有整改措施。	结构不完整，内容不真实，缺整改措施。
思维 导图	知识点齐全，图文并茂，画面美观、整洁，色彩斑斓。	知识点接近齐全，图文并茂，画面一般，色彩斑斓。	知识点不齐全，纯粹文字，文字书写不端正，有涂改，色彩单一。
调查 报告	调查主题、调查对象表述清晰，有准确的统计图，有详细的数据分析，能提出较好的建议等。	调查主题、调查对象表述比较清晰，有统计图，有一点数据分析等。	调查主题、调查对象表述不够清晰，缺完整的统计图、数据分析等。

二、学生作品展示

我最喜欢的一道一元一次方程应用题

梅州　嘉琪

这周我们学习了一元一次方程的应用题，遇到了很多有意思的题，但我最喜欢的，还是下面这一题。

某文艺团体为"希望工程"募捐义演，全票价为每张18元，学生半价，某场演出售出966张票，收入15480元，请问这场演出共售出学生票多少张？

是不是被节目的数字搞得晕头转向？18、966、15480，越来越大的数字，这题要怎么做呢？其实很简单。

解：设学生票售出x张。

$$18 \times \frac{1}{2} = 9$$

$$9x + 18 \times (996 - x) = 15480$$

$$9x + 17928 - 18x = 15480$$

$$9x - 18x = 15480 - 17928$$

$$-9x = -2448$$

$$x = 272 （张）$$

答：学生票售出272张。

看吧，就这么简单，其实就是理解题意，就可以轻松解题了。

教师评语： 很好！若能深入分析一下"18"与"966"两个等价关系如何使用，会更精彩！

我最喜欢的一道数学题

梅州　千睿

又一周过去了，但在这一周中，我学到了很多新的知识，也看到了一些有趣的题，其中我最欢的一道数学题是在小检测中。

如附图4的说法：

① $\angle ECC$ 和 $\angle C$ 是同一个角；

② $\angle OGF$ 和 $\angle OGB$ 是同一个角；

③ $\angle DOF$ 和 $\angle EOG$ 是同一个角；

④ $\angle ABC$ 和 $\angle ACB$ 不是同一个角。

其中正确的结论有几个？

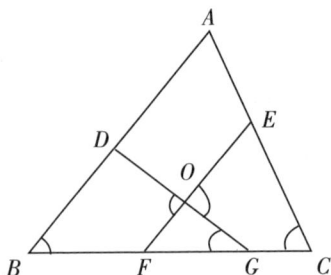

附图4　题图

像这样的题，我们要一个一个地分析，这道题考查"角"的知识。

① ∠ECG和∠C满足顶点相同，两边所在的射线相同。∠ECG和∠C是同一个角这个结论，正确。按照这种思路，我们继续看后面几个题。

② ∠OGF和∠OGB满足顶点相同，两边所在的射线相同，可能有人会问，一条边从F到B不是不一样了吗？实际上，只是把一条边变长了，并不影响角的大小。∠OGF和∠OGB是同一个角，正确。

③ ∠DOF和∠EOG满足顶点相同，但两边所在的射线不同。∠DOF和∠EOG是同一个角，错误。

④ ∠ABC和∠ACB顶点不相同，两边所在射线也不同。∠ABC和∠ACB不是同一个角，正确。就共有3条正确的结论。

总的来说，这道题根据角的概念和角的表达方法来判断，教师在上课时都讲过，一定要认真听讲，这道题就可以轻松地做出来了。

我的数学目标及做法

增城 洁丽

初中不同于小学，它是我人生的一个转折点。我的数学一向都很差，我想做出改变，让自己数学成绩提高，我的数学目标分是提高10到20分。虽然这很不切实际，但只要努力我相信我的数学成绩会提高的。

在追求数学成绩提高的过程中，一定要做题。数学的复习一定要结合做题进行，我计划做一些试卷，用错题本整理自己经常做错的题，做题时要认真地分析解题思路。

我要做到以下几点。

（1）上课认真听讲，认真记笔记，把教师讲的所有要点都记熟，如果课上没听懂，课下一定要找教师或同学问清楚。"冰冻三尺非一日之寒"，每一天的知识点都做到熟练掌握，那么离成功又进一步。

（2）跟着教师思路走。教师的重点，往往就是所有考试最要考的题目，若能把这些做到了如指掌，则可以稳中求胜。

（3）坚持。"坚持"是计划实施进程中最难的。缺少恒心，就容易虎头蛇尾。学习是一个漫长的过程，今天的努力，并不能在明天得到回报。我要求自己不能心焦，更不能气馁，不能轻易放弃。我要坚持，因我相信坚持一定能产生奇迹。

为了能使我的数学成绩提高，我一定严格要求自己。我相信，我一定会成功。

新学期的目标和做法

增城　乐怡

现在步入了新学期，对于我上学期的期末考试成绩做以下总结：成绩没达到自己的目标，特别是我的数学成绩，我没有检查仔细试卷，让我的数学分数白白丢了12分。

这个新学期我要做出改变，新学期新面貌，我要改掉坏习惯，向其他同学请教学习方法，有不懂的问题及时问教师和同学，养成早起背书，课间做题的习惯。

我的数学学习情况，绝大部分原因是我不怎么做题，上课分神，有问题没有及时解决，考试不仔细审题，检查很草率，这个学期我要把数学成绩提上去。

虽然我没有百分之百的信心能做到，但自己努力过，付出了心血，结局如何我也没那么在意了。享受这个过程，拼一把。

我的数学学习目标及做法

增城　均灵

七年级下学期期末考试的成绩我觉得还可以，我的目标是在原来的基础上进步，可以考到105分以上，在慢慢向上加。完成这个目标不是嘴巴说说就可以的，一定要有所动作才行。

首先是听课，我要上课时跟着教师的节奏，认真地做练习，就算会也要跟着教师做习题，不和同学说话，课前预习第二天要学习的内容，课后作业，自己完成，不抄别人的作业。周末找一些题做，做完再对答案。如果有不会的题，可以看答案自己找出解题方法。

其次，平时的错题找一个本子记下来，考试前认真复习错题。错题本上也可以写一些不太会的题，把这类题做明白，自己再多找一些类似的习题，让自己掌握解题技巧。

最后，在考试做题时要认真的看每一道题，不要自以为是，要认真对待。会做的题不做错，不粗心对待，有时间的话，我会认真、仔细地检查试卷。

我最喜欢的一道一元一次方程应用题

梅州　雨荣

本周，教师教了我们如何解一元一次方程应用题，还带着我们做了许多这种习题。在这些习题中，有一道题我甚是喜欢。

七年级（1）班43人参加运土劳动，现有30根扁担。应该安排多少人抬土（2人共用1个扁担），多少人挑土（1人用1根扁担），可使扁担数和人数相配套？

这种题叫配套问题，在做这道题之前，我也做了几道配套习题，但是这道题有点不同，这道题的方程列出来是这样的：$\frac{x}{2}+(43-x)=30$，而别的是这样的，例如：$3x+5=2x$。那么，这道题具体怎么解呢，请听我细细道来。

首先，得先考虑设什么为x，一般都是设问题为x，而这道题的问题是应安排多少人抬土，多少人挑土，可以在这两个问题中选择一个问题设为x，我设的是应安排x人抬土。

其次，可以列出方程：$\frac{x}{2}+(43-x)=30$，因为2个人共用一根扁担

抬土，所以 $\dfrac{x}{2}$ 就是抬土用的扁担数量，又因为1人用1根扁担挑土所以

（43–x）就是挑土用的扁担数量，加起来就是总扁担数量。

最后解得x=26。这只是抬土人数还得算挑土人数。43–26=17

（人）这是挑土人数。

得出结果答就可以了。

这就是我最喜欢的一道一元一次方程应用题。

研究勾股定理的来源

梅州　丹媚

今天由我来给大家普及勾股定理的来源及用途。

希腊著名的哲学家、数学家毕达哥拉斯证明了勾股定理的存在，可见古代人是有多聪明。

相传，毕达哥拉斯应邀参加一次豪华宴会，不知道什么原因，大餐迟迟不上桌。善于观察和理解的毕达哥拉斯没有注意到这些，而是被脚下排列规则、美丽的方形石砖所深深吸引。他并不是欣赏它们的美丽，而是思考它们和"数"之间的关系。在大庭广众之下，他蹲在地上，拿出画笔在选定的一块石砖上以它的对角线为边画一个正方形，结果惊奇地发现这个正方形面积恰好等于两块砖的面积和。开始他以为这只是巧合，当他把两块石砖拼成的矩形的对角线为边作另一个正方形时，这个正方形之面积相当于5块石砖的面积。这也就是说它等于以两股为边作正方形面积之和。

在直角三角形中，以三条边为边长可以构建三个正方形，其中两个正方形分别以直角边为边长，而第三个正方形以斜边为边长。这一性质

可以被概括为"直角三角形两个直角边上正方形的面积之和等于斜边上正方形的面积",或者更简洁地表述为"直角三角形的两直角边的平方和等于斜边的平方"。

证明了直角三角形两直角边的平方和等于斜边的平方,公式表示:$a^2+b^2=c^2$,适用于数学和几何学。

这就是勾股定理。

研究勾股定理的来源

梅州　巧仪

在中国,周朝时期的商高提出了"勾三股四弦五"的特例。在西方,最早提出并证明此定理的为公元前6世纪古希腊的毕达哥拉斯学派,他用演绎法证明了直角三角形斜边平方等于两直角边平方之和。

勾股定理现约有500种证明方法,是数学定理中证明方法最多的定理之一。勾股定理是人类早期发现并证明的重要数学定理之一,用代数思想解决几何问题的最重要的工具之一,也是数形结合的纽带之一。

勾股定理的数学表达式为:在一个直角三角形中,设直角边的长度分别为a和b,斜边的长度为c,则以下关系式成立:$a^2+b^2=c^2$。

勾股定理的历史出米丰富多样,不仅涉及数学、哲学、天文学等领域,还展示了人类探索真理的无穷欲望和智慧。这个定理的证明方法在不同的文化和地域中得到了发展和完善,成为世界数学史上的重要里程碑。

研究勾股定理的来源

梅州　依媛

勾股定理，又称毕达哥拉斯定理，是一个在几何学中扮演重要角色的定理。它揭示了直角三角形三边之间的数量关系，为三角学的许多应用领域提供了基础。

公元前5世纪的数学家兼天文学家赵爽在注解《周髀算经》时，提出了对勾股定理的证明方法。他使用弦图，如附图5所示，通过几何方法，将勾股定理的证明转化为正方形面积的求解。这一证明方法被记录在他的《勾股圆方图》中，成为中国古代数学史上的重要成就之一。

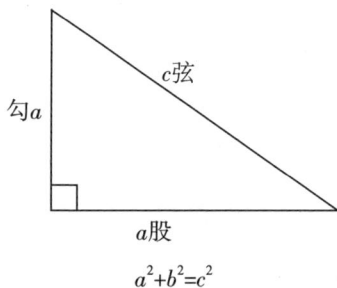

附图5　弦图

如果设直角三角形的两条直角边长度分别是a和b，斜边长度是c，那么可以用数学语言表达：$a^2+b^2=c^2$。

在求与三角形有关的数据时，多数可以用勾股定理，这是历史上第一个把数与形联系起来的定理，也是欧氏几何的基础定理，它有巨大的实用价值。这条定理在高等数学和其他科学领域里有着广泛的应用。

研究勾股定理的来源

梅州　钰涵

什么是勾股定理？

勾股定理，又称毕达哥拉斯定理，是古希腊数学中最重要的定理之一。它被广泛应用于几何学、物理学和工程学等领域，揭示了直角三角形中三条边之间的关系。在几何学中，它常被用于计算三角形的边长、角度和面积等问题。例如，通过勾股定理可以判断一个三角形是否为直角三角形，也可以根据已知两边的长度计算第三边的长度。

我们在纸上画若干个直角三角形，分别测量它们的三条边，发现三条边的平方之间有这样的关系：直角三角形两条直角边的平方和等于斜边的平方。我国古代把直角三角形中较短的直角边称为勾，较长的直角边称为股，斜边称为弦。

得出结论，勾股定理是直角三角形两条直角边的平方和等于斜边的平方。如果用a，b和c分别表示直角三角形的两条直角边和斜边，那么$a^2+b^2=c^2$。

勾股定理是数学中一个具有重要意义的几何定理，它揭示了直角三角形中三条边之间的特殊关系。通过深入理解和应用勾股定理，我们可以进一步探索数学的奥秘，将其应用于更广泛的领域和实践中。

我最喜欢的一道一元一次方程应用题

梅州　伟芬

我们已经学会了一元一次方程怎么计算了，我们要把一元一次方程融入到应用题当中。在这众多应用题当中我找到了最喜欢的一元一次方程应用题。

在甲处劳动的工人有27人，在乙处劳动的工人有19人，现在另调20人去支援，使得甲处的人数为乙处人数的2倍，问应调往甲、乙两处各多少人？

这道题的正确列式及解答为：

解：设应调往甲处x人，则调往乙处（$20-x$）人。

$27+x=2\times（20-x+19）$

$27+x=40-2x+38$

$x+2x=40+38-27$

$\qquad 3x=51$

$\qquad\ x=17$

∴$20-17=3$

答：应调往甲处17人，乙处3人。

只要这样做，这道题就是满分了！$2\times（20-x+19）$中的"2"是因为题目中的一句话"使得甲处的人数为乙处人数的2倍"，所以这个2是2倍的意思。其实这道题并不难，只要我们审好题，算的时候细心点，那么，这题就不会丢分了。

这道题就是我喜欢的一元一次方程。

附件1：

思维导图、直角坐标系，如附图6、附图7所示。

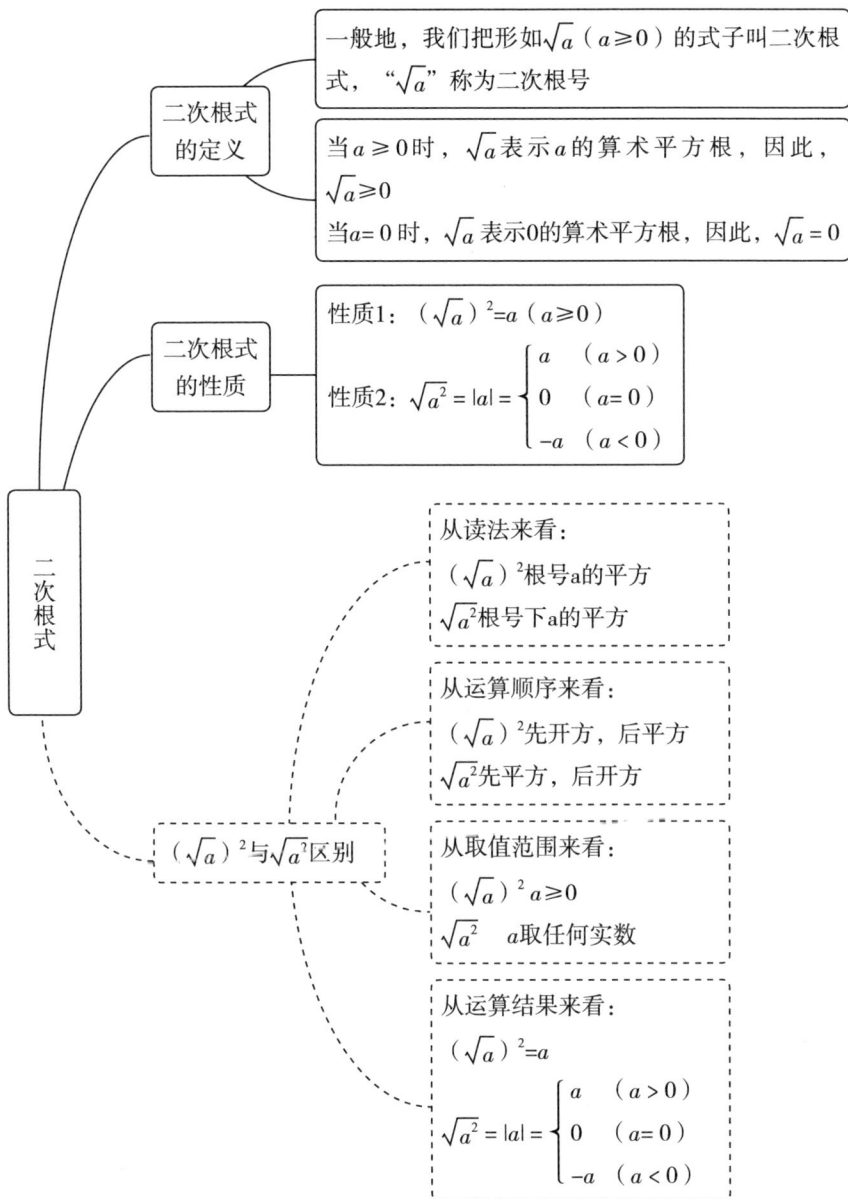

二次根式的
可用运算法则 ── ① 只有乘除法才可以
② 加减法不可以

二次根式公式 ── $\sqrt{ab}=\sqrt{a}\cdot\sqrt{b}$（$a\geqslant0$，$b\geqslant0$），
$\sqrt{\dfrac{a}{b}}=\dfrac{\sqrt{a}}{\sqrt{b}}$（$a\geqslant0$，$b>0$）

什么是二次根式？ ── 概念 ── 一般地，形如 $\sqrt{a}$（$a\geqslant0$）
的式子叫作二次根式

二
次
根
式

什么是
最简二次根式？ ── 概念 ── ① 根号里不能有分数
② 要开的尽
③ 根号不能做分母

以前学习的运算法则，运算律仍
然可以适用。如果运算结果中出
现某些像他们各自化简后的被开
方数相同，那么应当将这些项
合并

例题讲解
$\sqrt{16}\times\sqrt{7}$
解：原式=$4\times\sqrt{7}$ ① 先化简
＝$4\sqrt{7}$ ② 后相乘

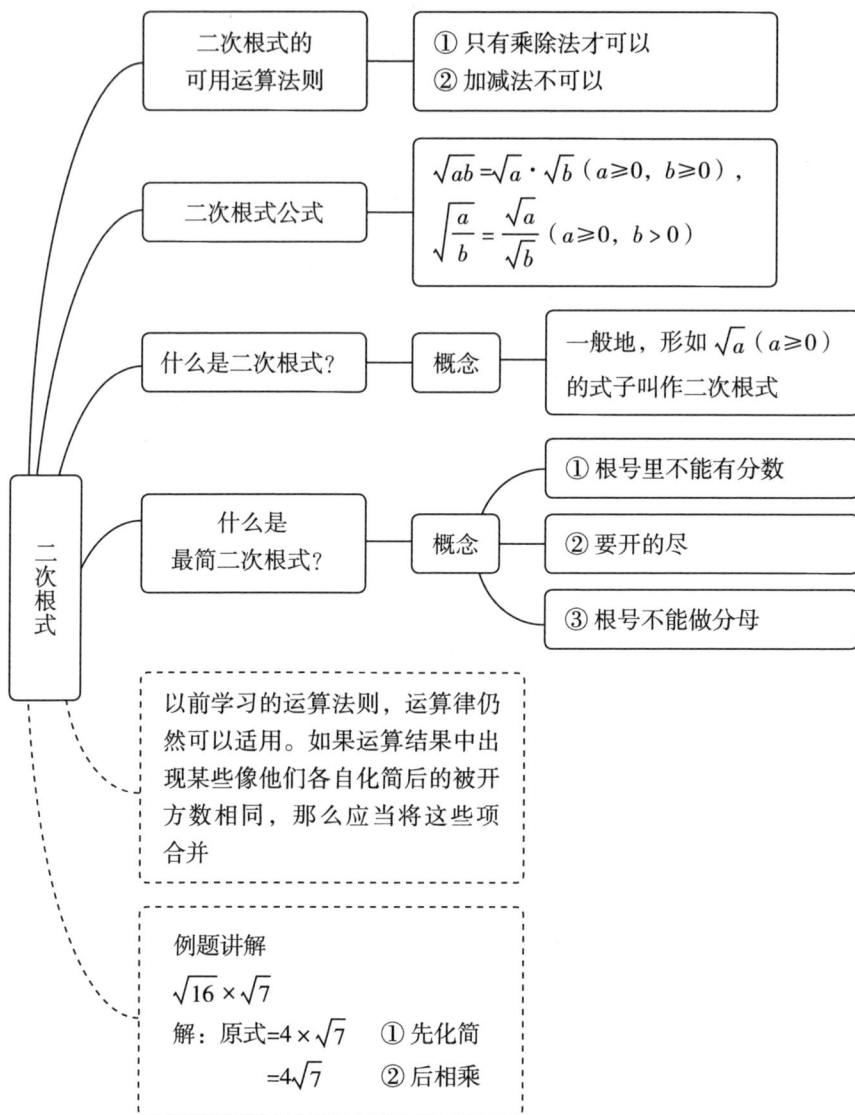

附图6　思维导图

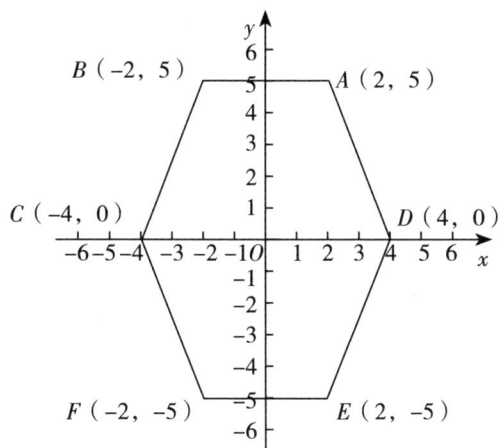

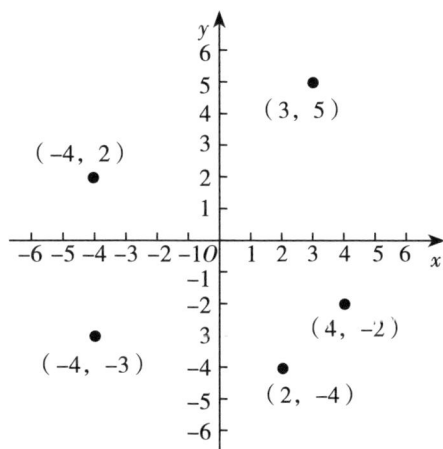

附图7　直角坐标系

参考文献

［1］吴宏，张珂，刘广军.数学写作融入初中数学教学的实验研究
　　［J］.数学教育学报，2019（5）：51-58.

［2］胡耀华.数学写作的价值及若干教学建议［J］.数学教育学报，
　　2007（3）：60-62.

［3］张俊.数学写作的尝试与思考［J］.上海教育科研，2008（9）：
　　85-86.

［4］仓万林，李红.让学生学会"数学表达"——"数学写作指导1"
　　教学设计及思考［J］.江苏教育，2017（83）：35-36，49.

［5］李红，仓万林.基于日常作业的数学写作［J］.中小学数学（高中
　　版），2020（4）：62-64.

［6］仓万林，李红."数学写作——实战篇"教学设计和思考［J］.中
　　学数学杂志（高中版），2019（11）：4-7.

［7］蒯红良，张群红.浅析数学写作的教学策略［J］.现代中小学教
　　育，2003（11）：35-37.

［8］徐永忠.开展数学写作促进深度学习提升核心素养［J］.数学通
　　信，2020（14）：12-16.

［9］钟进均，陈亮，何重飞.基于建构主义数学学习观的数学写作案例
　　探究［J］.数学通信，2020（18）：38-41.

［10］史嘉.“写作学习”视角下的“好记性不如烂笔头”［J］.中学数学教学参考，2020（19）：1.

［11］吴秋霞，卓剑.引入数学写作，促成学困生学习方式转变［J］.科学咨询（教育科研），2020（11）：139.

［12］汪晓勤，柳笛.数学写作在美国［J］.数学教育学报，2007（3）：75-78.

［13］孟宪辉.初中数学问题解决教学的认识实践思考［J］.科技创新导报，2017（12）：208，210.

［14］黄雅婷.画图策略在小学数学解决问题教学中的实践与研究［J］.亚太教育，2019（12）：24.

［15］李茜，蒋洪，熊应龙，等.深度学习视域下小学高段数学问题解决教学策略［J］.教育科学论坛，2021（4）：42-45.

［16］梁佑英.小学数学“问题解决”教学策略实施［J］.科技风，2020（7）：61.

［17］谭晓航，任旭.小学数学基于深度学习的问题解决教学模式初探［J］.贵州师范学院学报，2019（12）：75-80.

［18］曹美仙.小学数学解决问题教学的现状及策略［J］.科学咨询，2020（45）：186.

［19］彭勇.初中数学“问题解决”教学的实践与研究［D］.广州：广州大学，2012.

［20］刘文柳.初中数学问题解决教学的理论与实践［D］.武汉：华中师范大学，2019.

［21］庞亚欣.初中数学写作及评价的实践研究［D］.南京：南京师范大学，2017.

［22］吴成君.扬州市高中数学写作实施现状调查研究［D］.上海：上海师范大学，2020.

［23］颜晓春.数学写作在高中生反思性学习中的应用研究［D］.上海：华东师范大学，2007.

［24］孔建霞.初中数学问题解决教学研究［D］.呼和浩特：内蒙古师范大学，2007.

［25］郭珍贞.初中数学问题解决的教学策略研究［D］.天津：天津师范大学，2009.

［26］刘兼，孙晓天.全日制义务教育数学课程标准解读（实验稿）［S］.北京：北京师范大学出版社，2002.

［27］中华人民共和国教育部.义务教育数学课程标准（2022年版）［S］.北京：北京师范大学出版社，2022.

［28］钟进钧.中学生数学写作研究［M］.长春：吉林人民出版社，2018.

［29］郑君文.数学学习论［M］.南宁：广西教育出版社，2003.

［30］孔凡哲，曾峥.数学学习心理学［M］.北京：北京大学出版社，2009.

［31］G.波利亚.怎样解题［M］.阎育苏，等译.北京：科学出版社，1982.

［32］张仁贤.问题推进式课堂教学［M］.上海：世界知识出版社，2017.

［33］刘兼，孙晓天.数学课程标准解读（实验稿）［M］.北京：北京师范大学出版社，2002.

［34］钱德春，曹伟林.基于VQWE的初中数学课堂教学改进策略（续）——以洋思教育联盟"共研共进"课堂教学研修为例［J］.中学数学教学参考，2022（11）：2-4.

［35］戴曙光.数学，究竟怎么教［M］.上海：华东师范大学出版社，2016.

［36］傅道春.教育学：情境与原理［M］.北京：教育科学出版社，1999.

［37］陈玲娇.直观教学在高中地理课堂中的应用［D］.大连：辽宁师范大学，2011.

［38］张奠宙.数学方法论稿（修订稿）［M］上海：上海教育出版社，2013.

［39］张孝达，陈宏伯，李琳.数学大师论数学教育［M］.杭州：浙江教育出版社，2007.

［40］吴海宁.问题导学：让课堂从"教会"走向"学会"——以几节常态课教学片断为例［J］.中学数学教学参考，2022（2）：5-8.

［41］人民教育出版社，课程教材研究所，中学数学课程教材研究开发中心.义务教育教科书：教师教学用书数学七年级下册［M］.北京：人民教育出版社，2006.

［42］教育部基础教育课程教材专家工作委员会.义务教育数学课程标准（2011年版）解读［S］.北京：北京师范大学出版社，2012.

［43］戴登明.初中数学课堂导学案：七年级上册［M］.广州：广州出版社，2010.

［44］玛利亚·蒙台梭利.蒙台梭利教育法［M］.北京：中国人民大学出版社，2008.

［45］赵占良，朱正威．义务教育教科书：教师教学用书生物七年级下册［M］．北京：人民教育出版社，2012．

［46］人民教育出版社，课程教材研究所，中学数学课程教材研究开发中心．义务教育教科书：教师教学用书数学八年级下册［M］．北京：人民教育出版社，2004．

［47］李文虎．初中数学教学活动设计案例精选［M］．北京：北京大学出版社，2012．

［48］伍晓焰，吴新华．初中数学跨学科项目式学习实践案例［M］．广州：广州出版社，2023．

［49］伍晓焰，吴新华．"玩转数学"践行跨学科项目式学习［M］．广州：广州出版社，2023．

［50］人民教育出版社，课程教材研究所，中学数学课程教材研究开发中心．义务教育教科书：教师教学用书地理八年级上册［M］．北京：人民教育出版社，2013．

［51］魏雪峰．问题解决与认知模拟——以数学问题为例［M］北京：中国社会科学出版社，2017．

［52］陈爱苾．课程改革与问题解决教学［M］．北京：首都师范大学出版社，2010．

［53］江春莲．数学问题解决——中新两国学生解决速度文字题的策略和错误［M］．北京：科学出版社，2016．

［54］中学数学课程教材研究开发中心．义务教育课程标准实验教科书数学八年级上册［M］．北京：人民教育出版社，2005．

［55］张晋宇．一组对比试验中两名国内初中数学理解活动的回归性特征及其成因分析［D］．西安：陕西师范大学，2011．

［56］鲍建生，黄荣金，易凌峰，等.变式教学研究［J］.数学教学，2003（1）：11-12.

［57］刘蔚华，陈远.方法大辞典［M］.济南：山东人民出版社，1991.

［58］赵万宇.基于一题多解问题空间的创新思维培养策略研究［D］.昆明：云南大学，2016.

［59］戴登明.初中数学课堂导学案七年级上册［M］.广州：广州出版社，2010.

［60］辛自强.问题解决与知识建构［M］.北京：教育科学出版社，2005.

［61］李岩.数学解题审题翻译法［D］.长春：长春师范学院，2011.

［62］俞雪明.高中生数学审题存在问题与案例分析［D］.天津：天津师范大学，2008.

［63］刘类.从引导观察到自主审题——低年级学生数学审题能力的培养［J］.教育科研论坛，2010（1）：86-87.